Yoshi Yoshitani

# Das Buch der Mythen und Märchen

78 Inspirierende Geschichten aus aller Welt

Aus dem amerikanischen Englisch übersetzt von Sven Beier

IRISIANA

# Inhalt

# Einleitung

Ich wuchs gefangen zwischen zwei Kulturen auf. Meine Familie väterlicherseits stammt aus Japan – sie essen Reis mit eingelegten Pflaumen und schmücken ihre Wände mit Holzschnitten von Shinto-Schreinen. Die Vorfahren meiner Mutter kamen auf der Mayflower nach Amerika – sie essen Hackbraten und schmücken ihre Wände mit den Schlüsseln ihrer alten Familienfarm auf Rhode Island. Oft schienen sich meine beiden unterschiedlichen Hälften unvereinbar gegenüberzustehen, doch was sie miteinander verband, war ihre Vorliebe für Geschichten.

Durch die Familie meines Vaters lernte ich die Legenden von Prinzessin Kaguya, dem Pfirsichjungen Momotarō oder »Die Reise nach Westen« kennen. Die Familie meiner Mutter erzählte mir Märchen von Aschenputtel, dem gestiefelten Kater und Hans und der Bohnenranke. Obwohl die Geschichten vor unterschiedlichen Kulissen spielten, tauchten in vielen von ihnen strahlende junge Abenteurer, verbotene Türen oder ein gelobtes Land auf – unabhängig von ihrer Herkunft. So lernte ich die grundlegenden Gemeinsamkeiten meiner verschiedenen Wurzeln zu schätzen. Bücher über Mythen und Märchen halfen mir dabei, jeden Teil von mir schätzen zu lernen.

Meine Erfahrungen aus einem multikulturellen Haushalt werden mit jeder Generation immer selbstverständlicher. Familien ziehen ihre Kinder in einer Gesellschaft auf, die sich von jener unterscheidet, in der ihre Eltern groß geworden sind. Familien vermischen sich, was zu ganz neuen Erfahrungen führt. Da die Menschen zunehmend das alte Schubladendenken ablehnen, wird es immer wichtiger, dass wir uns gegenseitig besser verstehen lernen. Und Geschichten sind der beste Weg, unsere Gemeinsamkeiten und Unterschiede schätzen zu lernen.

Diese Geschichtensammlung soll kleine Einblicke in unterschiedliche Kulturen gewähren. Den meisten werden ein paar der Erzählungen bekannt sein, viele andere aber noch nicht. Beim Lesen wird so manche*r in den verschiedenen Stücken Aspekte von sich selbst erkennen. Viele werden neue Lieblingsgeschichten entdecken. Soweit es ging, habe ich versucht, die Herkunft jeder Erzählung anzugeben. Bei vielen von ihnen lässt sich das aber nur schwer festmachen, gerade bei jenen, die über Handelswege, wie die Seidenstraße, verbreitet wurden. Diese Geschichten wurden oft in der einen Kultur über eine andere Kultur erzählt, wobei sie aus einer dritten Kultur stammen können. Diese Mischungen können verwirrend sein und sagen schlussendlich mehr über den aus, der sie erzählt. Sie inspirieren die Geschichten, die wir uns künftig erzählen werden.

Jene, die mit dem Tarot vertraut sind, werden bestimmte Symbole, wie Kelche, Schwerter, Münzen und Stäbe, erkennen, die sich in den Bildern wiederholen. Alle 78 Illustrationen tauchen auch auf den Karten des von mir erschaffenen »Tarot der Mythen und Märchen« auf. Wie bei den Tarotkarten ist jede der Geschichten gleichsam bedeutend. Jede einzelne von ihnen bietet wichtige Einsichten in unsere menschliche Natur.

Ich hoffe, Ihnen gefällt diese Geschichtensammlung. Vielleicht regt sie Sie dazu an, noch mehr über andere Kulturen und Menschen zu erfahren, mit denen Sie diesen Planeten teilen.

# Scheherazade aus Tausendundeiner Nacht

## PERSISCHES VOLKSMÄRCHEN

Es war einmal ein Sultan, der, als er im Sterben lag, sein Königreich auf seine beiden Söhne Schahryâr und Shah Zaman aufteilte. Die Brüder heirateten zwei wunderschöne Frauen und herrschten über ihr jeweiliges Reich. Obwohl sie weit voneinander entfernt lebten, waren sie die besten Freunde und besuchten sich regelmäßig.

Einmal, als Shah Zaman zu seinem Bruder kam, bemerkte Schahryâr, wie unglücklich dieser war. Als er ihn nach dem Grund fragte, gestand ihm Shah Zaman, dass er seine Frau dabei ertappt hatte, wie sie ihn mit einem anderen Mann betrog. In blinder Wut tötete er sowohl seine Frau als auch den anderen Mann. Misstrauisch geworden, entdeckte Shah Zaman, dass auch Schahryâr von seiner Frau betrogen wurde. Schahryâr war außer sich. Er ließ seine Frau hinrichten. Von da an heiratete er jede Nacht eine neue Frau und tötete sie am nächsten Morgen, bevor sie ihn betrügen konnte.

Das Königreich zitterte vor Schahryârs Zorn, bis Scheherazade, die Tochter des Wesirs, sich freiwillig dazu bereit erklärte, Schahryârs Frau zu werden. Als ihre Nacht gekommen war, äußerte sie als letzten Wunsch, noch einmal ihre jüngere Schwester Dunyazad zu sehen. Als sie ankam, bat Dunyazad – wie mit ihrer Schwester zuvor abgesprochen – Scheherazade darum, eine Geschichte zu erzählen.

Bei Mondlicht begann Scheherazade mit einer lustigen und spannenden Geschichte. Als der Morgen graute und sie noch nicht zu Ende war, gewährte Schahryâr ihr noch eine weitere Nacht, um die Geschichte zu beenden. Auf diese Weise verbrachte Scheherazade tausendundeine Nächte damit, romantische, epische, moralische, irrwitzige und erbauliche Geschichten zu erzählen. Mithilfe dieser Geschichten überwand Schahryâr seinen Zorn. Er wurde wieder zu einem mitfühlenden Herrscher und lernte dank Scheherazade wieder zu lieben. Auch seinen Bruder Shah Zaman vermochte er auf den rechten Weg zu leiten. Dieser heiratete schließlich Dunyazad.

# Des Kaisers Nachtigall

## DÄNISCHES MÄRCHEN

Vor langer, langer Zeit, da lebte der Kaiser von China in einem herrlichen Palast, umgeben von einem wundervollen Garten. Viele Reisende kamen, um sich seinen prachtvollen Besitz anzusehen. Doch alle waren sich einig, dass sich das Bezauberndste im ganzen Reich nicht innerhalb der Palastmauern, sondern im nahegelegenen Wald befand. Denn dort ließ die Nachtigall ihr Lied erklingen mit einer Stimme so lieblich und rein, dass alle, die sie hörten, vor Entzücken innehielten. Alle Reisenden wussten davon, nur der Kaiser von China nicht.

Er war daher sehr überrascht, als er in Büchern, die der Kaiser von Japan ihm schickte, über die Nachtigall erfuhr. Der Kaiser von China versammelte schnell seine Höflinge um sich und befahl ihnen, ihm die Nachtigall zu bringen. Doch keiner von ihnen oder ihren Untergebenen wussten über sie Bescheid. Schließlich fanden sie eine junge Küchenhilfe, die ahnte, wo sich der Vogel aufhielt. Sie führte die Höflinge in den Wald, und als sie die Nachtigall fanden, baten sie diese, mit ihnen zu kommen. Artig willigte sie ein.

An diesem Abend wurde dem Kaiser der kleine Vogel präsentiert. Er war erstaunt über ihr eintönig graues Federkleid, doch als die Nachtigall ihren Gesang anstimmte, jauchzten alle vor Vergnügen beim Klang ihrer wunderschönen Stimme. Sie wurde in einem goldenen Käfig an eine goldene Kette gebunden und sang jeden Tag für den Kaiser und seinen Hof.

Eines Tages kam ein Geschenk des Kaisers von Japan. Es war ein prächtiger mechanischer Singvogel aus Gold und mit Edelsteinen verziert. Dem Hof gefiel er noch besser als die kleine Nachtigall. Der echte Vogel flog davon, und der Kaiser zog den mechanischen Vogel wieder und wieder auf. Doch schließlich ging der goldene Vogel kaputt, und der Kaiser wurde krank. Alleine lag er auf seinem Sterbebett und wartete schweigend, als sich ihm der Tod näherte. Da kehrte die kleine Nachtigall zurück und sang ein so liebliches Lied, dass selbst der Tod davon gerührt war und den Kaiser am Leben ließ.

Der Kaiser dankte der Nachtigall und wollte sie wieder in den Käfig schließen, doch die Nachtigall sagte, sie wolle lieber frei sein und ihn besuchen kommen. Und so blieben sie und der Kaiser Freunde für den Rest ihres Lebens.

# Dornröschen

DEUTSCHES MÄRCHEN

Es waren einmal ein König und eine Königin, die nach vielen Jahren vergeblichen Wartens endlich mit einer kleinen Tochter gesegnet wurden. Um dies zu feiern, wurden sieben gute Feen zu einem großen Fest eingeladen. Doch die königliche Familie hatte die achte Fee vergessen, die daraufhin vor Wut kochte. Nachdem die ersten sechs guten Feen die kleine Prinzessin mit Gaben wie Schönheit und Tugend beschenkten, belegte sie die böse Fee mit dem Fluch, sich den Finger an der Spindel eines Spinnrads zu stechen und daraufhin zu sterben. Die letzte der sieben guten Feen konnte die Verwünschung nicht aufheben, jedoch abschwächen. Die Prinzessin sollte in einen tiefen Schlaf fallen und nicht aufwachen, bis sie von einem wahren Prinzen geküsst würde.

Der König fürchtete um das Leben seiner Tochter und ordnete an, alle Spindeln in seinem Königreich zu verbrennen. Diese Maßnahme bewährte sich 16 Jahre lang, bis eines Tages, als der König und die Königin verreist waren, die Prinzessin in einem vergessenen Teil des Schlosses auf eine alte Frau traf, die Wolle spann. Die Prinzessin näherte sich neugierig der Spindel und stach sich damit versehentlich in den Finger. Als der König und die Königin zurückkehrten, lag sie bereits in einem tiefen Schlaf.

Voll Trauer befahlen der König und die Königin, dass die Prinzessin auf das schönste Bett in den höchsten Turm gelegt werde. Dann kamen die guten Feen wieder und versetzten das ganze Schloss in einen tiefen Schlaf und ließen zum Schutz überall herum eine Dornenhecke wachsen. Und so schlummerten das Schloss und all seine Bewohner hundert Jahre vor sich hin, bis sich ein neugieriger junger Prinz näherte.

Dem Prinzen waren Gerüchte über die schlafende Prinzessin zu Ohren gekommen. Er wagte es, sich durch die Dornenhecke zu kämpfen und das hohe Gemäuer bis hinauf in den Turm der Prinzessin zu erklimmen. Der Prinz war bezaubert von ihrer Schönheit und erweckte sie durch seinen Kuss. Sie verliebten sich auf den ersten Blick, und als sie die Treppen nach unten schritten, erwachte auch das restliche Schloss. Bald darauf heirateten sie, gründeten eine Familie, und wenn sie nicht gestorben sind, dann leben sie noch heute.

# Anansi

## MYTHOS DER AKAN, WESTAFRIKA

Anansi war eine trickreiche Spinne, die sich ständig in schwierige Situation hinein- und wieder hinausmanövrierte. Es gibt viele, viele Erzählungen über Anansi und was er alles anstellte. Eine der bekanntesten heißt »Anansi und die ganzen Geschichten der Welt«.

Als die Welt noch jung war, behielt der Himmelvater Nyame alle Geschichten der Welt für sich. Anansi, die Spinne, fand das sehr langweilig. An seinem klebrigen Faden entlang kletterte er hinauf in den Himmel bis in Nyames Reich und bat ihn, seine Geschichten zu verkaufen. Nyame war beeindruckt von der Spinne, denn kein anderes Tier hatte es je bis zu ihm geschafft. Dennoch weigerte er sich, seine Geschichten zu verkaufen. Nachdem sie eine Weile diskutiert hatten, erklärte sich Nyame bereit, Anansi die Geschichten zu überlassen, falls er die vier gefährlichsten Geschöpfe der Welt fangen und zu ihm bringen würde: Onini, die Python, Osebo, den Leopard, die Mmoboro Hornissen und die unsichtbare Fee Mmoatia.

Bei der Python Onini tat Anansi so, als würde er ihre wahre Länge anzweifeln. Er schlug vor, sie an einen geraden Stock zu binden, um sie zu messen. So konnte er sie überwältigen. Für Osebo hob Anansi eine Grube aus, in die der Leopard hineinfiel. Er bot ihm sein Netz an, um daran herauszuklettern, doch die große Katze verfing sich hoffnungslos in den Fäden. Bei den Mmoboro Hornissen fingierte Anansi einen heftigen Regen. Er bot ihnen einen sicheren Unterschlupf in einer Kalebasse, in der er sie gefangen hielt. Für Mmoatia fertigte Anansi eine klebrige Puppe an, die Süßigkeiten aß. Er ließ die Puppe so unhöflich erscheinen, dass Mmoatia sie schlug und an ihr kleben blieb.

Anansi kehrte zurück zu Nyame mit der an einen Stock gebundenen Onini, dem in seinem Netz gefangenen Osebo, den in der Kalebasse eingesperrten Mmoboro und der an der Puppe klebenden Mmoatia. Nyame musste sich geschlagen geben und machte Anansi zum Meister aller Geschichten.

Hinweis: Bei der hier abgebildeten Kleidung Anansis handelt es sich um einen Kente-Stoff, dessen Muster »obi nkye obi kwan mu si« bedeutet, was als »irren ist menschlich« übersetzt werden kann.

# Weiße Büffelfrau

## GÖTTIN DER LAKOTA, NORDAMERIKA

Es war vor langer Zeit, da hungerten die Lakota Sioux, weil sie kein Wild finden konnten. Der Häuptling der Lakota sandte seine Kundschafter immer weiter aus, bis eines Tages zwei von ihnen eine schöne junge Frau erblickten, die in weißem Wildleder gekleidet war. Sie schwebte zu ihnen, anstatt zu gehen, weshalb einer der beiden Männer sie als *waken*, also heilig, betrachtete. Er begegnete ihr daher mit Respekt und Achtung. Doch der andere Mann wollte nur seine Lust befriedigen. Er näherte sich ihr auf arrogante Weise, behandelte sie flegelhaft und wollte sie zu seiner Frau machen.

Als er sie berührte, wurde er von einer weißen Rauchwolke umschlungen. Als sie sich schließlich wieder auflöste, war von dem Mann nur noch ein Haufen Knochen übrig. Der erste Mann zitterte vor Angst, doch die schöne Frau beruhigte ihn, denn sie sah, dass sein Herz rein war. Sie wies ihn in seiner Sprache an, zu seinem Stamm zurückzukehren und zu verkünden, dass sie kommen werde. Der junge Mann ging zu seinem Volk zurück und berief eine Versammlung ein, um sich auf die Ankunft der göttlichen Frau vorzubereiten.

Vier Tage darauf näherte sich ein weißes Büffelkalb und rollte sich viermal am Boden. Zuerst wurde es schwarz, dann gelb, dann rot, und schließlich verwandelte es sich in die schöne Weiße Büffelfrau. Sie blieb vier Tage bei den Menschen, brachte ihnen heilige Lieder, Tänze und Zeremonien bei und lehrte sie, wie sie als Volk zusammenleben konnten. Am letzten Tag gab sie dem Stamm die *chanunpa*, oder Friedenspfeife, um Frieden und gegenseitiges Verständnis zu kultivieren. Sie brachte den Menschen die richtigen Gebete bei und zeigte allen ihren Platz und ihre Aufgabe im heiligen Kreislauf des Lebens. Am Ende ging sie wieder und rollte sich viermal am Boden. Sie verwandelte sich in einen gelben Büffel, einen roten Büffel, einen schwarzen Büffel und schließlich in ein weißes Büffelkalb. Als sie am Horizont verschwand, tauchte eine große Büffelherde auf, deren Körper die Lakota mit allem versorgten, was sie benötigten. Die Weiße Büffelfrau lehrte, dass durch die Vereinigung des Irdischen mit dem Göttlichen für alles gesorgt wird, was man braucht.

# *Die kleine Meerjungfrau*

DÄNISCHES MÄRCHEN

Es war einmal eine kleine Meerjungfrauenprinzessin, die lebte in einem wundervollen Schloss im Meer. Und obwohl sie viele schöne Dinge besaß, wünschte sie sich nichts sehnlicher, als all die Dinge an Land, jenseits der Wellen zu erforschen, wohin sie mit ihren Schwimmflossen nicht gehen konnte.

Eines Tages, als die kleine Meerjungfrau nahe an einem Schiff vorbeischwamm, erblickte sie einen stattlichen Prinzen, der auf dem Deck dahinschritt. Sie war sofort bezaubert von seinem guten Aussehen und seiner feinen Wesensart und machte sich Sorgen wegen des herannahenden Sturms.

Das Schiff versuchte so gut es ging dem Sturm zu widerstehen, doch schließlich zerbarst es unter den hereinbrechenden Wellen. Nachdem sich das Unwetter gelegt hatte, fand die kleine Meerjungfrau den Prinzen bewusstlos zwischen den Trümmern auf dem Meer treibend und brachte ihn an Land.

Sie ließ ihn in Sicherheit auf dem Strand zurück und sah, wie ein anderes Mädchen auf den bewusstlosen Prinzen zurannte und ihn weckte. Sein erstes Lächeln galt dem Mädchen, nicht der kleinen Meerjungfrau, was sie sehr traurig machte. Sie kehrte in ihr Reich unter dem Meer zurück und bat die dort ansässige Hexe um Hilfe. Sie erzählte der Hexe, dass sie an Land gehen wollte. Die Hexe versuchte sie davon abzubringen und sagte der kleinen Meerjungfrau, dass ihre Füße und Beine ständig schmerzen würden. Die Hexe warnte auch davor, dass der Zauber von der Meerjungfrau verlangte, die Liebe eines Menschen zu gewinnen; anderenfalls würde sie sterben und zur Gischt werden. Die kleine Meerjungfrau willigte ein. Als Bezahlung für den Zauberspruch nahm die Hexe der Meerjungfrau ihre Stimme und verwandelte ihren Fischschwanz in Beine.

Als die kleine Meerjungfrau nun das erste Mal an Land ging, fand sie bald ihren Prinzen, der sich von dem Schiffbruch vollkommen erholt hatte. Doch in der Zwischenzeit hatte er sich in das Mädchen verliebt, das ihn am Strand gefunden hatte. Der Prinz freundete sich mit der kleinen Meerjungfrau an, doch da sie keine Stimme hatte, konnte sie ihm nicht erzählen, wer ihn eigentlich gerettet hatte. Sie konnte nur zusehen, wie er das Mädchen heiratete, während sie, die ihn immer noch liebte, starb und sich in Gischt verwandelte.

# Kranichfrau

## JAPANISCHES MÄRCHEN

Einst lebte ein armer Holzfäller, der auf einen schönen Kranich traf, der in einer Falle saß. Er hatte Mitleid mit dem anmutigen Vogel und befreite ihn behutsam. Der Vogel schaute dem Mann tief in die Augen, dann flog er davon.

Ein paar Tage darauf klopfte eine hübsche Frau an die Tür des Mannes und bat um Obdach. Sie war so bezaubernd und schön, dass der Mann sie bat, ihn zu heiraten. Die geheimnisvolle Frau willigte gerne ein, denn sie hatte sich ihrerseits in den Mann verliebt. Kurze Zeit später heirateten die beiden, doch ihr Leben war nicht leicht. Der Mann war immer noch arm, und nun versuchte er doppelt so hart zu arbeiten, um sich und seine schöne Frau zu ernähren.

Die Frau sah das und bot an, Stoffe für den Verkauf anzufertigen. Sie bat ihren Mann nur darum, niemals ihr Zimmer zu betreten, während sie arbeitete. Verwirrt willigte er ein. Wenige Tage später überreichte ihm seine Frau, die geschwächt und müde wirkte, den prächtigsten Stoff, den er je gesehen hatte. Er ging mit der Arbeit auf den Markt und verkaufte sie für viel Geld. Davon konnte er zahlreiche nützliche Sachen für sie beide kaufen.

Von diesem Tage an führte das Paar ein angenehmes Leben. Die Frau zog sich in ihr Zimmer zurück und arbeitete im Geheimen. Später erschien sie, immer etwas kränklicher wirkend, mit einem noch schöneren Stoff als beim letzten Mal. Der Mann brachte die Stoffe auf den Markt und verkaufte sie für immer höhere Preise. Er kehrte mit Gütern und Geschenken zurück, die sie sehr reich machten.

Obwohl sein Leben nun leichter war, begann sich der Mann um seine Frau zu sorgen, die zunehmend gebrechlicher wirkte. Schließlich wurde er von seiner Neugier übermannt. Eines Nachts, als sie arbeitete, brach er die Tür auf und spähte hinein. Er fand heraus, dass seine Frau ein Kranich war – der sich langsam und qualvoll die eigenen Federn rupfte und diese webte, um daraus den schönen Stoff herzustellen.

Er schnappte nach Luft, und sie drehte sich zu ihm um und erkannte, dass er ihr Geheimnis gelüftet hatte. Sie war zornig, dass er sein Versprechen gebrochen hatte, und schämte sich, dass er sie als Kranich erblickte. Also flog sie davon und kehrte nie wieder zu ihrem Ehemann zurück.

# *Timbó-Baum*

## LEGENDE DER GUARANÍ, SÜDAMERIKA

Es war einmal ein Mann namens Saguaá. Er war der Anführer seines Stammes, und seine einzige Tochter hieß Tacuareé, die er über alles liebte. Beide waren gute Menschen und bei ihrem Stamm sehr beliebt. Daher war es kein Wunder, dass viele um Tacuareés Hand anhielten. Doch Tacuareé hatte nur Augen für einen Mann von einem anderen Stamm. Auch wenn es ihn bedrückte, dass seine Tochter so weit weg von ihm leben würde, respektierte Saguaá ihren Wunsch, gab ihr seinen Segen und ließ sie ziehen.

Es vergingen Tage, Wochen, dann Monate, ohne dass Saguaá etwas von seiner Tochter gehört hätte. Er hatte Angst, dass sie in Gefahr sei, und brach schließlich auf, um sie zu besuchen. Er ging in das Dorf, in das Tacuareé gezogen war, und fand dort nichts als Ruinen vor, wo eigentlich buntes Treiben hätte herrschen sollen. Das Dorf war von einem unbekannten Feind angegriffen worden, und alle Menschen waren wie vom Erdboden verschluckt. Bestürzt fing Saguaá an, nach seiner Tochter zu suchen.

Die Spuren verliefen bald im Sand. Da er sonst keine Hinweise finden konnte, hielt Saguaá sein Ohr auf den Boden und hoffte, das Geräusch stampfender Schritte oder anderen Lärm zu vernehmen, der ihm verraten würde, wo sie hin waren. Er hörte nichts, also erhob er sich, ging weiter und blieb wieder stehen, um irgendetwas zu vernehmen. Er bat nie um Hilfe und suchte immer weiter ohne Unterlass.

Monate später fand sein Stamm ihn tot am Boden liegend, immer noch nach seiner Tochter horchend. Doch eine sonderbare Sache war geschehen. Eine Pflanze war aus seinem Ohr gewachsen. Die Pflanze wuchs weiter, breitete sich aus und wurde schließlich zu einem Baum, der erblühte. Die Früchte des Baums sahen aus wie menschliche Ohren.

Seit diesem Tag steht der Timbó-Baum für die unsterbliche Liebe eines Vaters für seine Tochter, denn bis heute horcht er nach ihr.

# Mohini und Aravan

HINDU-EPOS MAHABHARATA, INDIEN

Das Mahabharata, ein mythisch-geschichtliches Hindu-Epos, berichtet vor allem über die fünf Pandava-Brüder und ihren Kampf mit ihren Cousins, den Kauravas, um den Thron von Hastinapur in dem indischen Königreich Kuru. Diese Schlacht zu Kurukshetra dauerte 18 Tage lang und hatte Millionen Tote auf beiden Seiten zur Folge.

Zu Beginn der Schlacht waren die Pandavas zahlenmäßig deutlich unterlegen, und eine Niederlage schien unausweichlich. Krishna, die achte Inkarnation von Vishnu, der erhaltenden und beschützenden Gottheit, unterstützte die Pandavas. Er riet, dass sich jemand freiwillig Kali, der Göttin der Zeit und Zerstörung, opfern sollte, um den Pandavas den Sieg zu sichern. Aravan erklärt sich dazu bereit.

Aravan war der Sohn von Arjuna, dem dritten der Pandava-Brüder, und Ulupi, der Prinzessin der Nagas (Schlangen). Er war ein großer Krieger, der den Tod nicht fürchtete, aber er wollte noch heiraten, bevor er starb. Er wünschte sich nämlich eine Feuerbestattung, wie sie einem verheirateten Mann zustand, während ein Junggeselle begraben wurde. Leider wollte ihn keine Frau ehelichen, um daraufhin gleich Witwe zu werden. Also willigte Krishna ein, ihn zu heiraten. Er nahm seine seltene weibliche Form, Mohini, an, heiratete Aravan und verbrachte die Nacht mit ihm. (Ihre Hochzeit wird bis heute von den Tamilen gefeiert, bei denen Aravan als Schutzgott der Transgender-Gemeinschaften der Hijra gilt.)

Aravan stürzte sich dann wieder in den Kampf. Ihm war klar, dass er letztlich auf dem Schlachtfeld sterben würde. Er rang viele der wichtigsten Kämpfer der gegnerischen Armee nieder. Dann rief Duryodhana, der Älteste der Kauravas, den Riesen Alamvusha herbei, um gegen Aravan zu kämpfen. Aravan nahm seine Schlangenform, Shesha, an, doch Alamvusha verwandelte sich in Garuda, einen riesigen Menschenadler, und köpfte ihn. Am Ende wurde Aravan gerächt, und die Pandava-Brüder gewannen den Krieg.

Als Mohini erfuhr, dass Aravan tot und sie eine Witwe war, zerbrach sie ihre Armreife, schlug sich an die Brust und legte ihr Hochzeitskleid ab, bevor sie schlussendlich wieder die Form von Krishna annahm.

# Der Gordische Knoten

## GRIECHISCHE SAGE

Im westlichen Teil Anatoliens lag einst das Königreich Phrygien. Die Legende besagt, dass die Phryger zu jener Zeit keinen König hatten. Das Orakel von Telmissos prophezeite dem Volk, dass jener Mann, der als Nächstes in einem Ochsenkarren in ihre Hauptstadt kam, König werden sollte. Die Menschen willigten ein, und als ein Bauer namens Gordios auf einem Ochsenkarren hereinkam, erklärten sie ihn zum König. Die Stadt wurde Gordion genannt, und Gordios' Sohn, Midas – der später als König Midas alles in Gold verwandelte, was er berührte –, weihte Zeus den Ochsenkarren. Midas band den Karren an einen Pfosten mit einem riesigen, kompliziert verwickelten Knoten, bei dem man unmöglich ausmachen konnte, wie er geschnürt worden war. Er wurde der Gordische Knoten genannt.

Generationen später war Phrygien kein eigenständiger Staat mehr, sondern eine Provinz des Achämenidenreichs, also des persischen Großreichs. Zu jener Zeit sagte ein neues Orakel voraus, dass wer auch immer den Gordischen Knoten lösen könne, dazu bestimmt sei, der Herrscher über ganz Asien zu werden. Keiner konnte den Knoten lösen, bis Alexander der Große kam.

Alexander war der Sohn des makedonischen Königs Philipp II. und seiner Frau Olympias. Sein Vater wurde ermordet, als Alexander erst 20 Jahre alt war. Kurz darauf wurde er zum König von Makedonien gekrönt. Nachdem er seine Herrschaft gefestigt hatte, wurde er zum Heerführer der Griechen ernannt. Mit seiner gewaltigen Armee drang er in das Achämenidenreich ein und eroberte die benachbarten Länder Lydien und Karien, bevor er Gordion einnahm.

Als Alexander in der gerade eroberten Stadt ankam, fand er den Wagen vor, der immer noch mit dem riesigen, unauflösbaren Knoten an den Pfosten festgemacht war. Und obwohl er es versuchte, konnte er das ganze Gewirr nicht entknoten. Schließlich trat Alexander einen Schritt zurück und besann sich, dass es egal war, wie man den Knoten löste, Hauptsache der Wagen wurde befreit. Also zog er sein Schwert und durchtrennte das Seil mit einem Hieb.

Alexander erfüllte die Prophezeiung und eroberte Asien bis zum Indus und Oxus. Er machte sich unsterblich als einer der größten Feldherren der Geschichte.

# Unsere Liebe Frau von Guadalupe

## KATHOLISCHE HEILIGE, MEXIKO

Eines Morgens im Dezember erschien dem indigenen mexikanischen Bauern Juan Diego eine Frau multiethnischer Herkunft und sprach zu ihm in seiner aztekischen Muttersprache Nahuatl. Sie sagte, sie sei die Jungfrau Maria, die Mutter des wahren Gottes, und bat darum, ihr zu Ehren eine Kirche an dem Hügel zu erbauen, an dem sie ihm erschienen war.

Juan Diego suchte den Erzbischof von Mexiko-Stadt, Juan de Zumárraga, auf, um ihm von dem Vorfall zu berichten. Der Erzbischof war skeptisch, aber als Juan Diego die Frau erneut sah und sie ihn wieder darum bat, die Kirche zu erbauen, verlangte der Erzbischof, dass sie ein Wunder wirken sollte, um ihre Identität zu beweisen. Sie war einverstanden und wies Juan Diego an, am nächsten Tag zu dem Hügel zurückzukehren. Am nächsten Tag musste Juan Diego jedoch zu seinem Onkel Juan Bernardino gehen, der im Sterben lag. Am Tag danach wurde Juan Diego von der Frau überrascht, als er versuchte, sich an dem Hügel vorbeizuschleichen, an dem sie sich hätten treffen sollen. Als er ihr schuldbewusst den Grund für sein Fernbleiben schilderte, tadelte ihn die Frau und sage: »Bin ich nicht hier, ich, deine Mutter?« Sie befahl ihm, den Hügel zu erklimmen und die Blumen dort oben zu pflücken.

Der Hügel, der im Dezember normalerweise kahl war, erblühte in einem Meer von kastilischen Rosen, die in Spanien, jedoch nicht in Mexiko vorkamen. Die Frau half Juan Diego, die Rosen in seinem Mantel zu sammeln. Als er dem Erzbischof die vollen Blüten zeigen wollte, stellten sie fest, dass der Mantel das Bild der Frau trug. Juan Diego kehrte zu seinem Onkel zurück. Dieser war inzwischen von der segensreichen Frau vollständig geheilt worden, die ihn darum gebeten hatte, Guadalupe genannt zu werden. Der Erzbischof erkannte die Wunder an und ließ eine Kapelle an dem Hügel von Tepeyac bauen.

Unsere Liebe Frau von Guadalupe repräsentiert heute vor allem multiethnische Menschen mit sowohl indigenen als auch europäischen Wurzeln. Sie ist ein Symbol für Frieden, Heilung und Einheit.

# Tam Lin

## SCHOTTISCHES VOLKSMÄRCHEN

Vor langer Zeit lebte ein Mädchen namens Janet, das auf dem Nachhauseweg gerne eine Abkürzung durch den Wald eines verlassenen Anwesens nahm. Eines Abends traf Janet in diesem Wald auf einen Mann, der so gutaussehend und so prächtig gekleidet war, dass es sich ihrer Ansicht nach nur um einen Feenprinz handeln konnte. Sie begannen miteinander zu reden und scherzten die ganze Nacht, bis Janet schließlich sehr zufrieden nach Hause kam. Doch wenige Monate später stellte sie fest, dass sie schwanger war. Ihre Familie stellte sie vor die Wahl: Entweder musste sie das Kind loswerden oder heiraten. Janet ignorierte sie und begab sich auf die Suche nach dem Vater des Kindes.

Janet fand ihn in demselben Wald wieder und stellte ihn zur Rede. Er sagte ihr, sein Name sei Tam Lin, und er gehöre nicht dem Feenvolk an, sondern sei einst der Besitzer des Anwesens gewesen, bevor er von den Feen gefangen genommen wurde. Auf weitere Nachfrage erzählte Tam Lin, dass er nur befreit werden könne, wenn Janet ihn vom Pferd reißen und nicht mehr loslassen würde.

Janet erklärte sich dazu bereit. Die folgende Nacht legte sie sich auf die Lauer und wartete, bis der königliche Festzug der Feen vorbeikam. Sie sah viele schöne Edelleute, die Feenkönigin, die Tam Lin gefangen genommen hatte, und schließlich Tam Lin selbst. Janet sprang aus ihrem Versteck hervor, packte Tam Lin und hielt ihn fest. Die Feenkönigin lachte und verwandelte Tam Lin in jedes nur erdenkliche Tier, ja selbst in ein paar, die Janet nie zuvor gesehen hatte. Eines davon war Ammit, eine Kreatur mit dem Vorderteil eines Löwen, dem Hinterteil eines Nilpferds und dem Kopf eines Krokodils, das unreine Herzen fraß.

Diese Verwandlungen dauerten Stunden an, und gerade als Janet dachte, den Griff nicht länger halten zu können, begann es zu dämmern, die Feen verschwanden, und der Fluch war gebrochen. Janet ließ Tam Lin los, der nun wieder ein freier Mensch war. Bald darauf heirateten die beiden, zogen in Tam Lins Anwesen und hatten noch viele weitere Kinder.

# Sun Wukong

## CHINESISCHER MYTHOS

Es war einmal ein magischer Felsen auf einem Berggipfel, der brach auseinander, und aus ihm trat ein Affe. Dieser magische Affe schloss sich einer Gruppe normaler Affen an und wurde bald ihr König. Er nannte sich selbst der Schöne König der Affen, Sun Wukong. Nachdem er die Drachen der vier Meere in der Schlacht besiegt hatte, erhielt er den magischen gold-gebänderten Stab Ruyi Jingu Bang, ein goldenes Kettenhemd, eine Kappe mit Phönixfeder und Stiefel, mit denen er auf Wolken gehen konnte. Angesichts seiner neu gewonnenen Macht, erklärte er sich selbst zu einem unbesiegbaren Dämon und ging sogar soweit, die Hölle zu erstürmen und seinen Namen aus dem Buch des Lebens und des Todes zu löschen.

Der Himmel war beeindruckt von ihm und lud ihn auf den himmlischen Hof ein, wo er allerdings nicht mit dem von ihm gewünschten Respekt behandelt wurde. Erzürnt aß Sun Wukong die Pfirsiche der Unsterblichkeit, schluckte die Pillen der Langlebigkeit und trank den königlichen Wein. Dadurch vervielfachte er seine Kräfte und Fähigkeiten, woraufhin er ganz alleine jeden Krieger im Himmel besiegte. Der Himmel bat daraufhin Buddha um Hilfe.

Buddha wettete mit Sun Wukong, dass dieser ihm nicht entkommen könne. Der König der Affen willigte selbstgefällig in die Wette ein und floh an das Ende der Erde, wo er die fünf Säulen mit seinem Namen beschmierte. Er sprang zurück und landete in der Hand des Buddha. Dort fand er zu seinem Erstaunen heraus, dass es sich bei den fünf »Säulen«, die er bemalt hatte, um die fünf Finger des Buddha handelte.

Buddha hielt daraufhin Sun Wukong 500 Jahre lang unter einem Berg gefangen und ließ ihn nur frei, damit er den Mönch Tang Sanzang auf seiner Reise nach Westen begleiten konnte, um mit den buddhistischen Sutras zurückzukehren. Dabei stellten sich ihnen viele Probleme und Hindernisse in den Weg, durch die Sun Wukong tugendhaft zu handeln lernte und sich die Lehren des Buddha aneignete, bevor sie ihre Mission erfolgreich beendeten und nach China zurückkehrten. Schließlich traf Sun Wukong wieder auf Buddha. Er wurde befreit und erlangte die Buddhaschaft für seine Dienste und seine Stärke.

# Die Pandavas

## INDISCHES SANSKRIT-EPOS MAHABHARATA

Einst tötete Pandu, der König von Hastinapur, auf der Jagd versehentlich Rishi Kindama und seine Frau, die sich in der Gestalt von Rehen liebten. Mit seinem letzten Atemzug verfluchte der Weise den König: Dieser solle sterben, sobald er eine Frau liebte. Als Buße verzichtete König Pandu auf seinen Thron und zog mit seinen Frauen Kunti und Madri ins Exil.

Da Pandu ihnen nicht beiwohnen durfte, bat Kunti die Götter Yama, Vayu, Indra und die Ashvin-Zwillinge, mit ihr und Madri Kinder zu zeugen. Sie gebaren fünf Söhne, und diese fünf Brüder – Yudhishthira, Bhima, Arjuna, Nakula und Sahadeva – wurden als Pandavas bekannt.

Eines Tages begehrte Pandu seine Frau Madri und starb, wie es ihm vorausgesagt war. Die Pandavas kehrten daraufhin nach Hastinapur zurück, um den Thron für ihren Bruder Yudhishthira einzufordern. Doch in ihrer Abwesenheit hatte Pandus Bruder Dhritarashtra die Herrschaft übernommen und mit seiner Frau Gandhari einhundert Söhne gezeugt, die als Kauravas bekannt waren. Der Älteste von ihnen hieß Duryodhana und bereitete sich vor, das Königreich zu erben.

Um sich der Rivalen zu entledigen, ließ Duryodhana ein leicht brennbares Haus bauen und bat die Pandavas hinein. Die Brüder schafften es, zu entkommen und in den Wald zu fliehen, bevor Duryodhana das Haus in Brand steckte. Bald darauf hörten sie von einem Bogenschießen um die schöne Prinzessin Draupadi. Arjuna siegte bei dem Bewerb, und dem Wunsch ihrer Mutter folgend, dass die Brüder alles gerecht unter sich aufteilen sollten, heirateten alle fünf Draupadi.

Die Pandavas kehrten nach Hause zurück, und Dhritarashtra teilte sein Königreich auf: Die florierende Hälfte bekam sein Sohn Duryodhana und die unwirtliche Hälfte sein Neffe Yudhishthira. In den Händen der Pandavas gedieh das Land so sehr, dass es dem Paradies glich, was Duryodhana eifersüchtig machte. Mithilfe magischer Würfel schaffte er es, dass Yudhishthira alles verspielte und die Pandavas mit ihrer Frau für 13 Jahre ins Exil gehen mussten. Die Brüder nutzten die Zeit, um sich auf den Krieg vorzubereiten. Nach ihrem Exil begannen sie die Schlacht zu Kurukshetra, die mit dem Tod von allen hundert Kauravas und der Thronbesteigung Yudhishthiras endete.

# *Yemayá*

## GÖTTIN DER YORUBA, WESTAFRIKA

Yemayá ist eine *Orisha*, eine Gottheit der Yoruba, die über die Flüsse und die Wasseroberflächen des Meeres gebietet. Ursprünglich wurde sie in Westafrika verehrt. Inzwischen wird sie auch von der afrikanischen Diaspora in verschiedenen Teilen Amerikas, wie Kuba, Brasilien und Uruguay, angebetet, wo ihr überall verschiedene Geschichten und Kräfte zugeschrieben werden.

Yemayá existierte schon zu Anbeginn der Schöpfung, und alles Leben und alle Orishas entstammen ihrem Wasser. Am Anfang heiratete sie Oko, den Orisha der Landwirtschaft. Doch sie wurde nicht glücklich mit ihm und verließ ihn, um im Meer zu leben, wo der Orisha Olokun sie in das Wesen der Ozeane einführte. Sie wurde mit den Flüssen und Oberflächen der Gewässer betraut, jenen Teilen, die vor Leben wimmeln. Angesichts ihrer zahllosen Nachkommen, wird sie in der Sprache der Yoruba *Yèyé omo ejá* genannt, was »Mutter der Fische« bedeutet. Olokun wiederum wurde zum Herrscher über die Tiefen des Ozeans, und nur Yemayá kann seine Wut besänftigen, wenn er Flutwellen und Stürme erzeugt.

Nach einer Weile kehrte Yemayá an Land zurück, um einen neuen Ehemann zu finden und weitere Kinder zu zeugen. Im Laufe der Zeit heiratete sie unter anderem Obatala, Orunmila, Babalú Ayé und in manchen Geschichten Oyun. Dann vermählte sie sich mit dem Orisha Anganju, und sie nannten ihren Sohn Orungan. Leider begann Orungan seine Mutter Yemayá zu begehren und fing an, sie zu bedrängen. Sie lehnte ihn ab und ließ ihre Wasser los, womit sie die ganze Welt überflutete, während sie 14 Orishas und die ersten Menschen gebar. Schließlich kehrte sie in den Ozean zurück und wird heute nur noch selten von Menschen erblickt.

Obwohl sie sich nur ab und an zeigt, kümmert sich Yemayá sehr um jene, die sie anbeten, vor allem um Frauen und Kinder. Sie ist zuständig für Empfängnis, Geburt, Unfruchtbarkeit, Erziehung, Kindeswohl, Liebe und Heilung. Sie hütet Geheimnisse, die Weisheit, den Mond und das Unbewusste. Ihre besonderen Symbole sind die Schalen der Kaurischnecken und die Farbe Blau. Sie ist dafür bekannt, besonders wohlwollend jenen gegenüber zu sein, die im Meer ertrinken, einschließlich jenen, die dieses Schicksal fern ihrer Heimat ereilt.

# *Osiris, Seth und Isis*

## ÄGYPTISCHE GOTTHEITEN

Am Anfang erhob sich Re und schuf die Welt. Er brachte den Erdgott Geb und die Himmelsgöttin Nut hervor. Diese beiden zeugten gemeinsam die Götter Osiris, Isis, Seth und Nephthys. Re herrschte eine Zeit lang über Ägypten, doch schließlich ging seine Regentschaft auf Osiris über. Dieser regierte mit seiner Gemahlin Isis nach dem Gesetz der *Maat*, der natürlichen und rechtschaffenen Ordnung. Doch Seth brachte Chaos und Zerstörung, ermordete Osiris, zerstückelte ihn und verstreute seine Körperteile über ganz Ägypten.

Isis weinte, und ihre Tränen ließen den Nil anschwellen und seine Ufer fruchtbar werden. Sie floh vor Seth und erhob sich mit der Hilfe von Nephthys als Falke in die Lüfte, um die Überreste ihres Gatten zu finden. Als sie alle Stücke zusammengesammelt hatte, rief sie Thot, den Gott der Magie, und Anubis, den Gott der Totenriten, um ihren Gatten wieder herzustellen. Sie kamen zusammen und setzten ihre Kräfte ein, um Osiris in die erste Mumie zu verwandeln.

Isis flog über Osiris und hauchte ihm mit ihrem Flügelschlag Leben ein. Dann schlief sie mit ihm und wurde schwanger. Osiris ging weg, um über Duat, das Land der Toten, zu herrschen. Isis versteckte sich in der Zwischenzeit in einem Papyrusdickicht, bis sie ihren Sohn Horus gebar.

Der junge Horus war verletzlich, und Seth sandte viele gefährliche Kreaturen aus, die ihn vergiften oder verletzen sollten. Ob Skorpionstiche, Schlangenbisse oder Magenkrämpfe, er überstand alles. Denn Isis, die magische Heilkräfte besaß, behandelte und rettete ihr Kind immer wieder, und so gab sie ihr Heilwissen an das ägyptische Volk weiter.

Schließlich wurde Horus erwachsen und forderte Seths Krone. Um zu entscheiden, wer von ihnen herrschen sollte, wurden bei dem Wettstreit die Enneade, eine Gruppe ägyptischer Götter, als Schiedsrichter eingesetzt. Die Duelle dauerten lange und waren brutal, was zum Verlust von Horus' Auge führte. Nachdem sie sich viele Jahre lang bekriegt hatten, errang Horus schlussendlich den Sieg. Seth wurde in die Wüste verbannt, und Horus regierte gerecht, wie sein Vater zuvor.

# Rapunzel

## DEUTSCHES MÄRCHEN

Es war einmal ein armes Ehepaar, das wünschte sich nichts sehnlicher als ein Kind. Als die Frau schwanger war, wurde sie von einem unstillbaren Hunger nach dem Rapunzelsalat im Garten ihrer Nachbarin ergriffen. Da die Nachbarin eine Hexe war, hatte ihr Ehemann Angst, sie um den Salat zu bitten. Doch seine Frau wurde bald darauf sehr krank, da sie sich so nach der Pflanze verzehrte. Da beschloss der Mann, ein paar Blätter zu stehlen, wurde dabei aber von der Hexe erwischt. Sie versprach ihm, seiner Frau den Rapunzelsalat zu geben, wenn sie ihr das Kind überließen. Der verängstigte Mann willigte ein, und bald darauf gebar seine Frau ein kleines Mädchen namens Rapunzel, das schweren Herzens der Hexe übergeben wurde.

Rapunzel wuchs zu einem sehr schönen Kind mit langem, goldenem Haar heran. Als sie zwölf Jahre alt wurde, schloss die Hexe sie in einem Turm ohne Treppen oder Türen ein, der nur ein Zimmer und ein Fenster besaß. Der Turm war von einer Dornenhecke umgeben. Um das Mädchen zu besuchen, stellte sich die Hexe an den Fuß des Turms und schrie: »Rapunzel, Rapunzel, lass mir dein Haar herunter!«, damit sie an den langen Locken nach oben klettern konnte. Eines Tages hörte ein Prinz den lieblichen Gesang von Rapunzel und beobachtete, wie die Hexe sie besuchte. Nachdem diese gegangen war, bestieg der Prinz den Turm. Rapunzel erschrak zunächst, aber als sie miteinander sprachen, verliebte sie sich in den Prinzen und willigte ein, ihn zu heiraten. Sie planten Rapunzels Flucht, und der Prinz ging los, um ihr eine seidene Leiter zu holen.

Als die Hexe zurückkehrte, durchschaute sie sofort Rapunzels Täuschungsversuche. Vor lauter Zorn schnitt sie ihr die Haare ab und verbannte sie in eine Wüstenei. Als der Prinz zurückkam, stieß ihn die Hexe vom Turm, sodass er in dem Dornengestrüpp landete und beide Augen verlor.

Viele Jahre lang wanderte der geblendete Prinz herum, bis er eines Tages den wundervollen Gesang von Rapunzel vernahm. Er folgte ihrer Stimme, und so fanden sie wieder zusammen. Rapunzel weinte vor Freude, und ihre Tränen netzten die Augen des Prinzen. Da konnte er wieder sehen. Sie kehrten in sein Königreich zurück und lebten glücklich und zufrieden bis an ihr Lebensende.

# *Kojote*

## LEGENDE DER SALISH, NORDWESTAMERIKA

Es gibt keine Büffel westlich der Rocky Mountains, und daran ist allein Kojote schuld. Kojote ist ein Trickster, der genauso viele gute wie schlechte Dinge getan hat.

Als Kojote über die Prärie ging, traf er auf den Totenschädel von Büffelbulle, der zu seinen Lebzeiten riesig und furchteinflößend war, nun aber schwach und armselig wirkte. Kojote verspottete den Schädel, trat ihn und spuckte auf ihn, bevor er mit einem zufriedenen Jaulen weiterging. Kurze Zeit später hörte Kojote ein gewaltiges Grollen und blickte über seine Schulter. Er erkannte, dass er von Büffelbulle verfolgt wurde, der wieder zum Leben erwacht war. Kojote nutzte seine Zauberkräfte, um drei Bäume zu erschaffen, auf die er hinaufkletterte. Büffelbulle warf zwei der Bäume um, bevor Kojote ihn überreden konnte, eine Pause einzulegen.

Kojote lenkte Büffelbulle ab, indem er ihm Fragen stellte. So erfuhr er, dass Büffelbulle von Junger Büffel getötet worden war, der ihm seine schöne Herde gestohlen hatte. Kojote bot Büffelbulle an, ihm neue Hörner zu machen, mit denen er Junger Büffel besiegen konnte. Büffelbulle willigte ein und beschloss, Kojote nicht zu töten. Dieser fertigte ihm pechschwarze Hörner an, die schwer und spitz waren. Büffelbulle kehrte mit ihnen zu seiner Herde zurück und bezwang Junger Büffel.

Büffelbulle belohnte Kojote mit einer jungen Kuh aus seiner Herde und sagte ihm, dass sie ihn stets mit Fleisch versorgen würde, solange er sie nicht tötete. Kojote musste nur das Fett mit einem Messer herausschneiden – nicht jedoch die Muskeln, denn das würde die Kuh verletzen – und dann Asche auf die Wunde reiben, um sie zu heilen. Kojote ernährte sich viele Tage lang auf diese Weise, während er auf die westliche Seite der Berge zurückkehrte. Doch schließlich hatte Kojote genug von dem Fett. Er hatte Appetit auf Knochenmark und Leber und dachte, dass Büffelbulle das nicht merken würde. Als er die Kuh jedoch getötet hatte, schwärmten Elstern und Krähen herbei und stahlen jedes letzte Stück von ihr. Kojote kehrte zu Büffelbulle zurück, wo er die Kuh in der Herde sah. Doch Büffelbulle gab Kojote keine neue Kuh, und er war gezwungen in den Westen zurückzukehren, wo bis heute keine Büffel umherstreifen.

# *Prinzessin Kaguya*

## JAPANISCHES MÄRCHEN

Eines Tages stieß ein alter, kinderloser Bambussammler auf ein geheimnisvoll leuchtendes Bambusrohr. Er schnitt es auf und fand darin ein wunderschönes, kleines Mädchen. Voller Freude nahm er es mit nach Hause zu seiner Frau. Sie zogen es auf, wie ihr eigenes Kind, und nannten es Kaguya. Von diesem Tage an steckte in jedem Bambus, den er schnitt, ein Goldstück. Das Gold machte ihn reich, und er nutzte es, um seine Tochter vornehm erziehen zu lassen und ihr herrliche Kleider zu kaufen. Kaguya wuchs zu einer strahlenden Schönheit heran, und schon bald sprach sich ihre Herrlichkeit herum.

Fünf Prinzen hielten um ihre Hand an, und jedem von ihnen stellte sie eine unmöglich zu bewältigende Aufgabe. Der erste sollte die steinerne Bettelschüssel des Buddha aus Indien bringen, der zweite einen mit Juwelen besetzten Zweig von der sagenumwobenen Insel Hōrai, der dritte die legendäre Robe der Feuer-Ratte aus China, der vierte ein farbiges Juwel vom Hals eines Drachen und der letzte Prinz eine von Schwalben gezeugte Kaurischnecke. Alle fünf Prinzen scheiterten, und Kaguya blieb unvermählt. Dann machte ihr sogar der Kaiser von Japan einen Heiratsantrag, doch selbst den schlug sie aus.

In diesem Sommer wurde Kaguya immer unruhiger und ängstlicher. Offensichtlich bedrückte sie etwas. Schließlich erhob sie sich wie eine blühende Lotosblume aus dem schlammigen Wasser und gestand ihren Adoptiveltern, dass sie in Wahrheit eine Prinzessin vom Mond war. Sie wurde zum Schutz vor einem im Himmel wütenden Krieg auf die Erde geschickt. Doch der Krieg war nun vorbei, und ihre himmlische Familie würde nun kommen, um sie wieder abzuholen. Sie stand vor der Wahl, entweder bei dem Bambussammler zu bleiben oder auf den Mond zurückzukehren und ihr Leben auf der Erde zu vergessen. Es war eine schwere Entscheidung, auf die sie keine klare Antwort wusste.

Bald darauf kam das himmlische Gefolge, und Prinzessin Kaguya beschloss, mit ihnen zu ziehen. Mit Tränen in den Augen verabschiedete sie sich von ihren Pflegeeltern. Als ihr die himmlischen Gewänder angelegt wurden, verschwanden ihre Tränen. Sie vergaß ihre Eltern und ihre Zeit auf der Erde und kehrte auf den Mond zurück.

# Die Sage von der Wassermelone

## VIETNAMESISCHE LEGENDE

Vor langer Zeit gelangte ein Waisenjunge in den Dienst des vietnamesischen Königs. Der König nannte ihn Mai An Tiêm, und er wuchs zu einem solch einnehmenden, intelligenten und geschickten jungen Mann heran, dass ihm der König seine eigene Tochter zur Frau gab. Er schenkte Mai An Tiêm ein großes Haus und viele Bedienstete. Nachdem die Prinzessin drei Kinder geboren hatte, überhäufte der König sie mit weiteren Geschenken, und die junge Familie führte ein glückliches Leben in Wohlstand.

Doch die Gunst des Königs für Mai An Tiêm machte andere eifersüchtig. Auf einem Bankett sprach ein Höfling Mai An Tiêms Glück an, worauf dieser erwiderte, sein ganzes Glück sei der Lohn dafür, dass er ein aufrichtiges Leben führte. Der hinterhältige Höfling berichtete dem König, dass Mai An Tiêm undankbar sei und die Großzügigkeit des Königs nicht zu schätzen wisse.

Der König wurde zornig und verbannte Mai An Tiêm und seine kleine Familie auf eine verlassene Insel. Die Familie kämpfte auf dem sandigen Boden um ihr Überleben. Auf der Suche nach Wasser sah Mai An Tiêm, wie ein seltsamer gelber Vogel nach etwas am Boden pickte. Beim näheren Betrachten entdeckte er eine saftige Frucht, deren Inneres blutrot und voller Samen war. Mai An Tiêm probierte ein kleines Stück und liebte den süßen Geschmack; die Frucht stillte seinen Hunger und Durst. Er teilte den Rest mit seiner Familie, und gemeinsam pflügten sie das Land und pflanzten den Samen.

Bald hatten sie mehr Früchte, die sie dưa hấu, oder Wassermelone, nannten, als sie selbst benötigten, und Mai An Tiêm begann, seinen Namen in die Rinde der Melonen zu ritzen und sie auf das Meer hinaus treiben zu lassen. Ein Kaufmann sah und probierte sie und suchte die Familie auf, um mehr Früchte zu erwerben. Sie begannen einen Handel mit Wassermelonen, der so sehr florierte, dass sie ein größeres Haus und viele Angestellte benötigten. So wurde die Familie erneut wohlhabend.

Zu dieser Zeit hörte der König von Mai An Tiêms Wassermelonen. Er erkannte, dass dieser sein Glück seinem Einfallsreichtum und nicht den Gefälligkeiten des Königs zu verdanken hatte. Der König bat Mai An Tiêm um Verzeihung und hieß seine ganze Familie wieder auf das Herzlichste willkommen.

# Frau des Kondors

## VOLKSMÄRCHEN DER AYMARA, SÜDAMERIKA

Eines Tages, als die Welt noch jung war, flog Kondor nahe dem Titicacasee, als er ein schönes Mädchen erspähte, das die Lamas seiner Familie hütete und Beeren pflückte. Er landete neben der Hirtin, begann mit ihr zu sprechen und half ihr beim Sammeln der Beeren. Sie war so liebenswert, dass er sich in sie verliebte und sie einlud, mit ihm zu leben. Das Mädchen fühlte sich geschmeichelt, sagte aber, dass es seine arme Mutter nicht alleine lassen könne und jemand auf die Lamas aufpassen müsse. Der Kondor war traurig, zeigte aber Verständnis. Er bat die junge Hirtin um den kleinen Gefallen, ihn an einer schwer zu erreichenden Stelle an der Schulter zu kratzen. Sie lehnte sich dazu vor, doch bevor sie wusste wie ihr geschah, wurde sie auf dem Rücken des Kondors im Nu in die Lüfte getragen.

Kondor flog mit ihr weit weg zu seinem Zuhause hoch oben im Himmel. Dort stellte er ihr seine weitläufige Familie vor. Alle Familienmitglieder waren sehr nett zu ihr, und die Mutter von Kondor sorgte besonders für das Wohlergehen der jungen Frau. Obwohl sie es gut mit ihr meinten, gaben sie ihr verfaultes Fleisch, die Nahrung von Geiern, zu essen. Das Mädchen weinte unablässig, was Kondor bekümmerte, denn er wollte seine Braut glücklich machen. Kolibri hörte ihr Weinen und verstand, was passiert war.

Der kluge Kolibri erzählte Kondor, dass seine junge Braut nur gekochtes Fleisch essen wollte, und er in einem Dorf auf der anderen Seite des Bergs ein köstliches geröstetes Alpaka gesehen hatte. Kondor ergriff die Gelegenheit und flog los, um Essen zu holen, über das sich seine Frau sicher freuen würde. Kolibri nutzte seine Abwesenheit und half dem Mädchen aus dem Kondornest zu klettern und nach Hause zu fliehen, wo seine besorgte Mutter erleichtert war, es wiederzusehen.

Als Kondor zurückkehrte, erkannte er, dass seine Braut geflohen war, worüber er sehr enttäuscht war. Schnell machte er Kolibri ausfindig und riss ihn in tausend Stücke. Doch Kolibri starb nicht, sondern jedes einzelne Stück verwandelte sich in einen neuen Kolibri, und das ist der Grund, warum es so viele verschieden Arten von Kolibris auf der Welt gibt.

# Ödipus

## GRIECHISCHE SAGE

König Laios und Königin Iokaste herrschten über Theben, blieben jedoch lange kinderlos. Endlich wurde Iokaste schwanger, und das Königspaar suchte das Orakel des Apollon in Delphi auf. Dieses prophezeite Laios, dass sein Sohn ihn töten werde. Um dies zu verhindern, befahl der König, das Baby zum Sterben auf einem Berggipfel mit zusammengehefteten Fußgelenken auszusetzen, damit es nicht davonkrabbeln konnte. Der Diener, der damit beauftragt war, den Knaben wegzubringen, hatte Mitleid und übergab ihn einem Hirten, der ihn wiederum an den kinderlosen König Polybos von Korinth und seine Frau Merope weitergab, die ihn Ödipus nannten.

Ödipus wuchs als Prinz auf, und als er erwachsen war, suchte er das Orakel von Delphi auf. Es sagte ihm voraus, dass er seinen Vater ermorden und seine Mutter heiraten werde. Der entsetzte Ödipus, der nie erfahren hatte, dass er adoptiert worden war, entschied sich, seinem Schicksal zu entgehen, indem er nie wieder nach Korinth zurückkehrte. Stattdessen reiste er nach Theben, um dort sein Glück zu versuchen. Auf seinem Weg dorthin geriet er an einer Kreuzung mit einem streitlustigen Mann aneinander. Ödipus tötete ihn, ohne zu wissen, dass es sich um König Laios, seinen Vater, handelte.

Bevor er Theben erreichte, traf Ödipus auf die tödliche Sphinx, die eine Antwort auf ihr Rätsel verlangte. Ödipus löste es und durfte passieren. Die Tat sprach sich schnell herum, und Kreon, der Bruder von Königin Iokaste, verkündete, dass ein Mann, der die Sphinx bezwingen konnte, es wert sei, seine kürzlich verwitwete Schwester zu ehelichen und der neue König von Theben zu werden. So heirateten Ödipus und Iokaste und hatten zusammen vier Kinder. Viele Jahre später wurde Theben von einer Seuche heimgesucht. Das Orakel von Delphi offenbarte, die Seuche würde erst verschwinden, wenn der Mörder von König Laios zur Rechenschaft gezogen sei.

Ödipus versprach eine schnelle und harte Bestrafung, doch auf der Suche nach dem Mörder fand er heraus, dass er selbst Laios getötet hatte. Iokaste und er erkannten, dass sie seine Mutter war. In seiner Seelenqual stach sich Ödipus die Augen aus und verließ sein Zuhause, um für immer als Blinder umherzuwandern.

# Aladin

## ORIENTALISCHES MÄRCHEN

Es war einmal ein junger Mann namens Aladin, der war sehr arm und sehr faul. Eines Tages, als er sich vor der Arbeit drückte, begegnete er einem geheimnisvollen Magier, der behauptete, der verloren geglaubte Bruder von Aladins verstorbenem Vater zu sein. Aladin glaubte ihm zunächst nicht, doch als der Mann ihm Geld gab, war er bereit, ihm alles zu glauben. Er begleitete seinen »Onkel« auf einer Reise. Als sie einen bestimmten Punkt außerhalb der Stadt erreichten, sprach der Zauberer ein paar magische Worte, und eine Höhle öffnete sich vor ihren Füßen. Er gab Aladin einen magischen Ring, der ihn leiten sollte, und befahl ihm, eine Lampe aus der Grube zu holen, dabei aber sonst nichts zu berühren, da er sonst sterben würde. Als Aladin mithilfe des Rings die Lampe gefunden hatte, weigerte er sich, sie an den Zauberer zu übergeben. Dieser tobte vor Wut und schloss Aladin in der Höhle ein, um ihn seinem Tod zu überlassen.

Da entdeckte Aladin, das sowohl der Ring als auch die Lampe einen Dschinn enthielten, die ihm alles erfüllten, was er sich wünschte. Er nutzte die Kraft dieser Geister, um heimzukehren und sich verschwenderisch einzurichten. Er erwarb erlesene Kostbarkeiten und bot sie dem Sultan für die Hand seiner Tochter an. Der Sultan war davon sehr beeindruckt und wies den Rat seines Großwesirs zurück, der Aladin nicht traute. Damit stand der Hochzeit nichts mehr im Weg.

Die beiden heirateten, und mithilfe der Geister erbaute Aladin einen wunderschönen Palast, in dem er und seine Prinzessin glücklich lebten. Das erregte die Aufmerksamkeit des Zauberers, der inzwischen bemerkt hatte, dass Aladin aus der Höhle entkommen war. Der Magier wendete eine List an, um die Prinzessin dazu zu bringen, ihm die Lampe zu überlassen. Mit ihrer magischen Kraft ließ er den Palast, die Prinzessin und sich selbst verschwinden. Als Aladin sah, dass sein Zuhause weg war, bat er den Ring-Dschinn, ihn in seinen verschwundenen Palast zu transportieren. Dort überredete er seine Frau, den Zauberer zu verführen, um so wieder in den Besitz der Lampe zu kommen. Das tat sie, und gemeinsam töteten sie den Zauberer und versetzten alles an den richtigen Ort zurück.

# Fenriswolf

## NORDISCHE SAGE

Loki, der Gestaltwandler und Trickster, war einer der nordischen Götter. Diese wurden Asen genannt und lebten in Asgard. Zusammen mit der Riesin Angrboda hatte Loki drei Kinder: die riesige Midgardschlange, die gespenstische Hel und den furchtbaren Fenriswolf. Die Götter von Asgard fürchteten sie nicht nur wegen ihrer schrecklichen Kräfte, sondern auch wegen ihrer Riesen-Mutter und ihrem Trickster-Vater. Sie prophezeiten, dass diese Brut viel Unheil und Zerstörung verursachen wird.

Odin, der Anführer der Götter, ließ die drei Kinder zu sich bringen. Er warf die Midgardschlange in das Meer und sandte Hel los, um über die kalte Einöde von Niflheim zu herrschen. Doch für Fenris musste er sich etwas anderes einfallen lassen, denn die Prophezeiung besagte, dass der Fenriswolf Odin stürzen und Ragnarök, das Ende der Welt, einläuten werde. Die Götter behielten den Wolf daher bei sich, doch jeden Tag fraß er mehr und wurde immer größer. Sie sorgten sich, ihn nicht länger bändigen zu können, und schmiedeten einen Plan, um ihm eine Falle zu stellen. Sie näherten sich ihm mit einer Fessel und sagten, dass sie damit seine Kräfte messen wollten. Fenris hatte keine Angst, und sobald sie ihm die Fessel angelegt hatten, zerriss er sie mit einem kräftigen Tritt. Die Götter versuchten ihre Angst zu verbergen und brachten eine zweite, noch stärkere Fessel herbei. Fenris war bereit, auch diese zu testen, damit sich seine Stärke herumsprach. Er spannte sich an, bis auch die zweite Fessel zerriss.

Daraufhin baten die Götter die Zwerge, eine magische Fessel anzufertigen, die sie Gleipnir nannten. Gleipnir war ein dünner Faden, weswegen der Fenriswolf misstrauisch wurde. Er wollte die Fessel nur ausprobieren, wenn ihm die Götter versprachen, ihn wieder freizulassen, und einer von ihnen die Hand in seinen Rachen legte. Nur der Gott Tyr war mutig genug. Nachdem ihm Gleipnir übergestreift wurde, trat der Wolf um sich und spannte sich an, konnte sich aber nicht befreien. In seiner Wut biss er Tyrs Hand ab, und zur Strafe steckten die Götter ihm ein Schwert in das Maul, damit es offen blieb. Dann banden sie ihn an einen riesigen Felsen. Dort wartet er bis heute auf seine Befreiung, um Ragnarök auszulösen.

# Die Schneekönigin

DÄNISCHES MÄRCHEN

Vor langer, langer Zeit, da lebten zwei Kinder, Gerda und Kay, die waren die besten Freunde. Ihre Häuser lagen nebeneinander und sie züchteten Rosen und bauten Gemüse in ihren Blumenkästen an und teilten alles miteinander.

Eines Tages zerbrach der Spiegel des Teufels, und seine kleinen Splitter fielen auf die Erde nieder. Ein Splitter landete in Kays Auge, und alles was er sah, schien ihm hässlich. Ein Splitter landete in seinem Herzen, und es wurde kalt wie Eis. Er machte die Blumenkästen kaputt, die er mit Gerda geteilt hatte. Als die Schneekönigin diesen Winter kam, wurde sie von seiner Schönheit und Grausamkeit angezogen, und er ging mit ihr. Die Königin küsste ihn zweimal: einmal, damit er die Kälte nicht spürte, und ein zweites Mal, damit er Gerda vergaß.

Als Gerda merkte, dass Kay verschwunden war, begab sie sich auf die Reise, um ihn wiederzufinden. Sie fragte eine alte Frau nach dem Weg und ging ihr dabei im Garten in die Falle, bis ihr die Rosen halfen, sich zu befreien. Als Nächstes traf sie auf eine Krähe, die meinte, Kay gesehen zu haben, aber es handelte sich nur um einen schlauen Prinzen, der eine sehr kluge Prinzessin geheiratet hatte. Gerda wurde dann von einer Räuberbande gefangen genommen. Doch die wilde Räuberprinzessin, die Gefallen an Gerda gefunden hatte, befreite sie wieder. Schließlich ritt sie auf dem Rücken eines Rentiers den ganzen Weg nach Norden, wo ihr eine Samin erklärte, dass allein die Reinheit ihres Herzens die Schneekönigin bezwingen konnte.

Gerda reiste weiter zum Schloss der Schneekönigin, das aus Eis gemacht und von Schneeflocken umgeben war. Im Schloss fand sie Kay alleine auf einem gefrorenen See neben dem Thron der Schneekönigin vor. Gerda umarmte seinen kalten Körper und begann zu weinen. Ihre Tränen ließen den Splitter in Kays Herz schmelzen, der von Emotionen gerührt selbst anfing zu weinen. Daraufhin schmolz auch der Splitter in seinem Auge, und er konnte die Dinge wieder sehen, wie sie wirklich waren. Er erinnerte sich an Gerda, und die beiden tanzten vor Freude. Hand in Hand begaben sie sich auf die Heimreise, unterstützt von dem Rentier, der Samin und der Räuberprinzessin.

# Turandot

## PERSISCHES VOLKSMÄRCHEN

Es war einmal eine Prinzessin namens Turandot, die war so schön, dass sich viele Männer in sie verliebten und um ihre Hand anhielten. Doch Turandot erinnerte sich, in ihrem früheren Leben als Prinzessin von einem feindlichen Prinzen missbraucht worden zu sein. Deshalb hasste sie alle Männer und schwor, niemals zu heiraten. Dennoch verfolgten sie die Männer in Scharen. Deshalb verkündete sie, dass alle Verehrer drei Rätsel lösen mussten. Falls sie versagten, verloren sie ihren Kopf.

Eines Tages kamen der junge Prinz der Tatarei, sein Vater und ihre einzige Bedienstete, die junge Liu. Als sie eintrafen, sahen sie, wie der Prinz von Persien an den drei Fragen scheiterte und vor den Füßen der kaltherzigen Turandot starb. Der Prinz der Tatarei verliebte sich sofort in die Prinzessin und hielt um ihre Hand an. Liu, die heimlich in den Prinzen verliebt war, bat ihn, sich nicht den Fragen zu stellen.

Turandots Vater, der Kaiser, hatte genug von den Hinrichtungen und drängte den Prinzen aufzugeben, ebenso wie Turandot selbst. Doch dieser ignorierte sie und schaffte es, die drei Rätsel zu lösen.

Überrascht von seinem Erfolg, saß Turandot nun in der Falle. Sie weinte und bat ihren Vater, sie von dem Eid zu entbinden, der sie verpflichtete, den Prinzen zu heiraten. Doch der Kaiser sagte ihr, dass sie an ihr Wort gebunden sei. Ergriffen von Turandots Tränen, stellte der Prinz ihr seinerseits eine Aufgabe. Sollte sie bis zum Morgengrauen seinen Namen herausfinden, durfte sie ihn töten.

Da sandte Turandot ihre Berater aus, um den Namen des Prinzen herauszufinden, doch keiner schaffte es. Schließlich verlangten sie von Liu, ihnen den Namen des Prinzen zu verraten. Als sie sich weigerte, begannen sie sie zu foltern. Doch sie schwieg und rief nur den Prinzen mit dem Wort »Liebe«. Schließlich stürzte sie in ihr eigenes Messer und starb in den Armen des Prinzen. Bewegt von Lius Hingabe, tadelte er Turandot für ihre Grausamkeit.

Turandot, hin- und hergerissen zwischen Liebe und Hass, bat den Prinzen zu gehen. Stattdessen verriet er ihr seinen Namen, Prinz Kalaf. Bei Morgengrauen fragte der Kaiser Turandot nach dem Namen des Prinzen. Sie nannte ihn »Liebe«, und schon bald darauf heirateten sie.

# Waramurungundi

## GÖTTIN DER ABORIGINES

Am Anfang war die Welt sehr leer und trocken. Dann kam die Regenbogenschlange und brachte die Regenzeit mit Niederschlag und Überflutungen. Die riesige Schlange glitt mit ihrem mächtigen Körper über das Land und formte dabei Flüsse und Schluchten. Sie erschuf Gewitter und Blitze und lebte in Wasserlöchern, die nie austrockneten. Dann führte die Regenbogenschlange die Göttin Waramurungundi über das Meer hierher.

Als sie an Land kam, gebar Waramurungundi – was nur einer ihrer vielen Namen war – die ersten Menschen. Sie hatte zahlreiche Kinder, und jedem teilte sie seinen Platz zum Leben und seine Sprache zu. Das ist der Grund, warum es so viele verschiedene Menschen mit unterschiedlichen Sprachen auf der Welt gibt, die alle von der gleichen Mutter abstammen. Waramurungundi begann das Land zu durchstreifen und gebar weitere Kinder. Manchmal wurde sie von der Regenbogenschlange begleitet, die mit Menstruation, Initiationsriten und Fruchtbarkeit in Verbindung gebracht wurde. Doch die Schlange verließ sie, da es in bestimmten Gegenden Zeit war, den Regen zu beenden. Manchmal reiste der Mann Wurugag an ihrer Seite. Doch schließlich begab er sich auf seine eigenen Reisen und zu seinen Frauen, bevor er sich in einen Berg verwandelte.

Waramurungundi ging alleine weiter. Sie gebar Tiere und Pflanzen und teilte allen den rechten Platz zu. An einem Ort erschuf sie Bienen, die süßen Wildhonig machten; an einem anderen Ort erschuf sie den Banyanbaum. Sie formte sogar viele Landschaften und war so dafür verantwortlich, dass ihre zahlreichen Kinder Schutz und Nahrung fanden und gediehen.

Am Ende erreichte sie den Punkt, wo das Land aufhört, und verschwand. Einige Leute denken, dass sie ins Meer zurückgekehrt ist, während andere vermuten, dass sie immer noch auf Erden weilt, doch keiner weiß es genau.

# *Nanahuatzin*

## AZTEKISCHER MYTHOS

Am Anfang war alles sehr dunkel, weswegen die Götter entschieden, dass jemand zur Sonne werden musste, um der Welt Licht zu schenken. Die erste Sonne war Tezcatlipoca, doch sein Licht war zu schwach. Daher schlugen die anderen Götter ihn nieder. Dann wurde Quetzalcoatl zur Sonne, doch er geriet in Rage und zerstörte die Welt durch einen Wirbelwind. Die dritte Sonne war Tlaloc, doch seine Frau wurde von einem anderen Gott verführt, und in seinem Zorn zerstörte er die Welt durch Feuer. Die vierte Sonne war Chalchiuhtlicue, doch sie wurde misshandelt und weinte Blut, bis die Welt in ihren Fluten unterging.

Bevor sie die fünfte Sonne auswählten, beschlossen die Götter, dass nur jemand, der sein eigenes Leben im Feuer opfern würde, eine starke Sonne werden könne. Sie bestimmten den schönen, reichen und starken Tecciztecatl zur Sonne und den kranken, armen und schwachen Nanahuatzin zum Mond. Der stolze Tecciztecatl betrachtete das Opfer als Möglichkeit, noch berühmter zu werden, und bot dafür Korallen und andere teure Gaben an. Der bescheidene Nanahuatzin betrachtete das Opfer als seine Pflicht, daher bot er sein eigenes Blut an und tat Buße.

Die Götter entzündeten ein großes Freudenfeuer und errichteten eine hohe Plattform für die beiden Gottheiten, von der sie ins Feuer springen konnten. Sie riefen die beiden auf die Plattform und baten dann Tecciztecatl, sich selbst zu opfern. Doch im letzten Moment bekam er es mit der Angst zu tun. Er versuchte immer wieder zu springen, doch sein Mut verließ ihn, und er zog sich zurück. Dann stieg Nanahuatzin gelassen empor und stürzte sich ins Feuer. Beschämt, dass ihm der hässliche Nanahuatzin die Schau gestohlen hatte, sprang Tecciztecatl hinterher. Kurz darauf sah man zwei Sonnen am Himmel.

Angewidert von Tecciztecatls Ängstlichkeit, nahm einer der Götter einen Hasen und schleuderte ihn Tecciztecatl ins Gesicht. Dieser verdunkelte sich und wurde so zum Mond. Nanahuatzin hingegen strahlte so stark und glänzend, dass die Welt zu vertrocknen und zu brennen begann. Daher erschufen die Götter die Winde, um die Sonne am Himmel zu bewegen und so für den Kreislauf von Tag und Nacht zu sorgen.

# Der Phönix

## GRIECHISCHE SAGE

Der Phönix ist ein magischer Feuervogel, der mit Stärke, Macht, Zerstörung und Wiedergeburt in Verbindung gebracht wird. Seine Geschichte taucht in vielen verschiedenen Kulturen unter ebenso vielen Namen auf, doch es geht immer um einen Vogel aus Feuer, der Glück bringt.

Eine der bekanntesten Geschichten über den Phönix stammt aus dem antiken Griechenland. Hier fliegt der fast unbesiegbare Vogel zwischen Himmel und Erde, den Göttern und den Sterblichen, hin und her. Alle tausend Jahre beginnt er zu altern und zu sterben. Zu diesem Zeitpunkt baut er sich ein Nest aus Myrrhe und Zimt, um sich darin selbst zu verbrennen. Aus der Asche formt sich ein Ei, aus dem ein neuer Phönix schlüpft.

Es gibt viele slawische Geschichten vom Feuervogel und von seinem wunderschön leuchtenden Federkleid. Seine langen Schwanzfedern waren bei vielen Königen und Helden, wie etwa Iwan Zarewitsch und dem bösen Zauberer Koschtschei dem Unsterblichen, begehrt. Die leuchtenden Federn stecken voller Macht, selbst nachdem sie der Vogel abgeworfen hat. Sie bringen großes Glück oder große Zerstörung – je nachdem, wer sie besitzt. Während der Vogel um die Welt fliegt, lässt er Perlen für die Armen und vom Schicksal Gebeutelten aus seinem Schnabel fallen.

In Japan wird der Phönix Hōō genannt. Er ist ein Sonnenvogel, der aus dem Himmel herabsteigt, um die Geburt eines tugendhaften Herrschers zu segnen und den Beginn einer neuen Ära zu signalisieren. Er fliegt als ein Zeichen des himmlischen Wohlwollens durch die Lüfte. Man kann ihn auf sogenannten Torii sitzen sehen, den Pforten zu heiligen Shintō-Schreinen, die als Tore zwischen der Welt der Menschen und jener der Götter gelten. Der mythische Vogel verkündet eine Zeit des Friedens und der Harmonie. Wenn er zurück in den Himmel verschwindet, folgt eine Zeit der Disharmonie und der Zerstörung.

Zhuque, der zinnoberrote Vogel, ist der Name des Phönix in China. Er ist eines der vier Symbole für die vier Himmelsrichtungen in der chinesischen Astrologie. Er ist der Feuervogel des Südens und symbolisiert den Sommer.

# *Yennenga*

## LEGENDE DER MOSSI, WESTAFRIKA

Es war einmal eine starke und schöne Prinzessin namens Yennenga. Sie war die Tochter von Nedega, dem König der Dagomba, und ihr Mut in der Schlacht war überall bekannt. Sie beherrschte den Kampf mit Wurfspieß, Speer und Bogen, war als Reiterin unübertroffen und befehligte ihr eigenes Bataillon. Bereits mit 14 Jahren kämpfte sie für ihren Vater in einer Schlacht gegen die benachbarten Malinke. Durch ihr großes Geschick war sie für ihr Volk unentbehrlich, weswegen ihr Vater fürchtete, sie zu verlieren. Als sie im heiratsfähigen Alter war, verweigerte er ihr, sich zu vermählen, obwohl sie sich einen Ehemann wünschte.

Yennenga ärgerte sich über ihren Vater und pflanzte auf einem Feld Weizen an, der üppig in die Höhe schoss. Als die Zeit für die Ernte da war, ließ sie den Weizen auf dem Feld unberührt verrotten. Auf diese Weise zeigte Yennenga dem König ihren Unmut darüber, dass sie sich keinen Ehemann aussuchen durfte. Doch ihr Vater blieb davon ungerührt. Stattdessen schloss er sie ein, um sie vom Heiraten abzuhalten.

Mit der Hilfe eines Freundes konnte Yennenga als Mann verkleidet entkommen und ritt auf ihrem Hengst Richtung Norden davon. Beinahe wurde sie von den Malinke gefangen genommen, fand aber schließlich Zuflucht im Wald. Dort traf sie den Elefantenjäger Riale, der ihre Verkleidung durchschaute. Schon bald verliebten sich die beiden und bekamen einen Sohn, den sie nach Yennengas Pferd Ouedraogo nannten, was »Hengst« bedeutet.

König Nedega gab die Suche nach seiner Tochter nicht auf. Nach vielen Jahren erfuhr er, dass sie noch am Leben war und wo sie sich befand. Er sandte eine Delegation zu ihr, um sie zu bitten, nach Hause zu kommen, wo ihr zu Ehren ein großes Fest gefeiert werden sollte. Yennenga willigte ein und wurde zusammen mit Riale und Ouedraogo herzlich in ihrem Königreich willkommen geheißen. König Nedega kümmerte sich um die Erziehung seines Enkels und versorgte ihn mit Reitern, Rindern und Gütern, die Ouedraogo mit in den Norden nahm, wo er sein eigenes Königreich Tenkodogo gründete, das schließlich zum Zentrum der Mossi-Königreiche wurde. Daher wird Yennenga als die Mutter des Volks der Mossi in Westafrika angesehen.

# Banjhakri und Banjhakrini

## MYTHOS DER TAMANG, NEPAL

In den Bergen von Nepal werden Geschichten über den Banjhakri und seine schreckliche Frau Banjhakrini erzählt. Der Banjhakri ähnelt dem affenähnlichen Yeti, ist jedoch kleiner und viel intelligenter. Er wurde von der Sonne gezeugt, um die Wälder zu schützen. Sein Fleisch und seine Knochen können viele Krankheiten und Wunden heilen. In erster Linie ist er ein Schamane, und viele Geschichten berichten darüber, wie er neue Schamanen ausbildet.

Der Banjhakri hält immer Ausschau nach neuen Schülern, die große Schamanen werden können, ist dabei aber sehr wählerisch. Es müssen Kinder sein, deren Körper keinerlei Narben oder Makel aufweisen. Wenn sie für ihn akzeptabel sind, entführt er sie in seine Höhle, wo sie einem harten Training und strengen Prüfungen unterzogen werden. Manche Kinder erzählen, wie sie gezwungen wurden, mit ihren Handrücken Würmer zu essen, oder dass ihre Hände in heißes Öl getaucht wurden, oder welche schweren körperlichen Arbeiten sie erledigen mussten. Jene Kinder, die nicht mithalten konnten, werden der blutdurstigen Banjhakrini mit ihrer goldenen Sichel ausgeliefert. Manche kehren grün und blau geschlagen nach Hause zurück, andere sieht man nie wieder. Doch die Kinder, die während der Prüfungen standhaft bleiben, werden belohnt. Jahre später kommen sie als vollständig ausgebildete *Jhākri* – wie die Tamang ihre Schamanen nennen – wieder zurück. Sie können nun die heilige Dhyāngro-Trommel spielen, mit der Welt der Geister kommunizieren und Krankheiten heilen. Jhākri führen Rituale bei der Ernte, Hochzeiten und Begräbnissen durch, indem sie singen, tanzen und ihre Dhyāngro-Trommel schlagen. Sie stellen sich auch freiwillig als Medium zur Verfügung, damit die Geister verstorbener Familienangehöriger für kurze Zeit in sie einfahren und mit ihren Hinterbliebenen sprechen können.

Obwohl diese als Kinder zu Jhākris initiierten Schamanen ihr Wissen an ihre Schüler weitergeben können, sind diese nie so mächtig wie jene, die vom Banjhakri ausgebildet werden.

# Hans und die Bohnenranke

ENGLISCHES MÄRCHEN

Es war einmal ein armer Junge namens Hans, der lebte mit seiner Mutter. Alles was sie besaßen, war eine einzige Kuh. Doch es kam der Tag, an dem die Kuh zu alt war, um noch Milch zu geben. Da sie die einzige Einnahmequelle der verarmten Familie war, blieb ihnen nichts anderes übrig, als sie zu verkaufen. Widerstrebend machte sich Hans mit der Kuh in Richtung Markt auf. Auf dem Weg in die Stadt traf Hans einen Bohnenhändler, der bot ihm eine einzige magische Bohne für die Kuh.

Hans ging auf den Handel ein, denn er war überzeugt, dass eine magische Bohne viel wert sei. Und faul wie er war, wollte er sich auch den weiten Weg in die Stadt sparen. Als er nach Hause kam, war seine Mutter außer sich vor Zorn. Wütend schmiss sie die Bohne aus dem Fenster und weinte die ganze Nacht durch. Am nächsten Morgen stellte die kleine Familie fest, dass die Bohne zu einer riesigen Ranke herangewachsen war, die bis in den Himmel reichte und durch die Wolken stieß. Der neugierige Hans beschloss, die Bohnenranke hinaufzuklettern. An ihrer Spitze erblickte Hans ein gewaltiges Schloss, das einem Riesen gehörte. Er schlüpfte hinein und dank der Hilfe einer freundlichen Riesin schaffte er es, sich vor dem blutrünstigen Riesen zu verstecken.

Als der Riese eingeschlafen war, stahl Hans einen Sack voll Goldmünzen, eine Gans, die goldene Eier legte, sowie eine sprechende Harfe, die von selbst musizierte. Unglücklicherweise wollte die Harfe nicht gestohlen werden und schrie nach dem Riesen, worauf dieser erwachte. Als er bemerkte, was geschehen war, fing er an zu brüllen und verfolgte Hans, der schnell die Bohnenranke hinunterkletterte. Gerade als er den Boden erreichte, machte sich der Riese daran, ebenfalls herabzusteigen. Der Junge nahm eine Axt und hieb schnell die Bohnenranke durch. Diese fiel um, und der Riese stürzte in den Tod.

Von diesem Tage an führten Hans und seine Mutter dank der Goldmünzen und der goldenen Eier ein komfortables Leben, untermalt vom wundervollen Klang der magischen Harfe.

# *Prinzessin Parisad*

## ANATOLISCHES VOLKSMÄRCHEN

Sultan Kosrouschah durchstreifte einst verkleidet seine Stadt, als er drei arme Schwestern über ihren Traummann reden hörte. Die Älteste wünschte sich, den Bäcker des Sultans zu heiraten und den ganzen Tag Brot zu essen. Die Mittlere wünschte sich, den Koch des Sultans zu heiraten und den ganzen Tag edle Speisen zu essen. Die Jüngste und Schönste wünschte sich, den Sultan zu heiraten und ihm viele Kinder zu schenken. Der Sultan amüsierte sich darüber, und am nächsten Tag gewährte er allen drei Schwestern ihre Wünsche. Die beiden Älteren wurden eifersüchtig auf ihre jüngere Schwester. Als diese nacheinander zwei Jungen und ein Mädchen geboren hatte, entführten sie die Kinder und setzten sie auf dem Fluss aus. Sie erzählten dem Sultan, dass seine Frau einen Hund, eine Katze und einen Stock zur Welt gebracht hatte. Der Sultan war außer sich vor Zorn und ließ seine Frau in einem Turm einsperren.

Die drei kleinen Kinder wurden vom Gärtner des Sultans gefunden und adoptiert. Er nannte sie Bahman, Perviz und Parisad. Sie lebten glücklich, bis der alte Gärtner, der den Geschwistern nie von ihrer wahren Abstammung erzählt hatte, starb. Die drei trauerten, bis eines Tages eine alte Frau Parisad von drei magischen Gegenständen erzählte: dem sprechenden Vogel, dem singenden Baum und dem goldenen Wasser. Parisad war fest entschlossen, sie zu finden. Doch ihre Brüder ließen sie nicht gehen und machten sich selbst auf, um ihr die Gegenstände zu bringen. Bahman und Perviz trafen auf einen Derwisch, der ihnen sagte, dass sie auf einen bestimmten Berg steigen müssten und auf keinen Fall zurückblicken dürften, egal was sie hörten. Doch sie schafften es nicht, die spöttischen Stimmen zu ignorieren, und als sie zurückblickten, erstarrten sie zu Stein. Schließlich folgte Parisad nach. Doch als sie den Berg erreichte, steckte sie sich Wachs in die Ohren und lachte über die Stimmen. Auf der Bergspitze fand sie die magischen Gegenstände. Mit dem goldenen Wasser heilte sie ihre Brüder; mit dem singenden Baum brachte sie Magie in ihren Garten; und mithilfe des Rats des sprechenden Vogels überzeugte sie den Sultan, dass sie und ihre Brüder seine legitimen Kinder waren. Ihre Mutter wurde freigelassen, und sie wurden Teil der Familie des Sultans.

# Die Legende von Hinemoa und Tutanekai

LEGENDE DER MAORI

Vor langer Zeit lebte ein großer Häuptling in Ōwhata am Ufer des Rotorua-Sees in Neuseeland. Er hatte eine schöne Tochter namens Hinemoa. Viele junge Männer wollten sie heiraten, doch sie hatte nur Augen für den attraktiven Tutanekai. Dieser war seinerseits in Hinemoa verliebt, doch er wusste, dass er zwar von respektabler, jedoch zu niedriger Herkunft war, als dass ihn der Häuptling als Bräutigam seiner Tochter akzeptieren würde. Er war noch nicht einmal ein *Tohunga*, ein Fachkundiger, der zum Beispiel die Magie beherrschte und die Kōwhai-Blüten plötzlich erblühen lassen konnte, um die Bewunderung seiner Geliebten zu gewinnen. Also betrachtete er Hinemoa von der Ferne. Da er weit weg auf der Insel Mokoia mitten im See lebte, traf er sie nur selten. Schließlich gestanden sich die beiden ihre Gefühle füreinander, und sie beschlossen, auch gegen den Willen des Häuptlings zu heiraten. Sie kamen überein, dass es am besten wäre, wenn Hinemoa mitten in der Nacht ein Kanu stehlen und damit zu Tutanekai rudern würde. Tutanekai würde auf seiner Flöte spielen, um ihr den Weg zu deuten und zu signalisieren, dass das Ufer nah war.

Mehrere Nächte lang spielte Tutanekai auf seiner Flöte, doch Hinemoa kam nicht. Der Häuptling hatte Verdacht geschöpft und die Kanus jede Nacht weit an Land ziehen lassen. In ihrer Verzweiflung kam Hinemoa eine Idee: Sie würde Kalebassen an ihre Kleidung binden, die sie über Wasser hielten, und durch den See schwimmen.

Hinemoa schwamm die ganze Nacht. Sie ruhte sich auf den Kalebassen aus, wenn sie müde war, und folgte dem Klang von Tutanekais Flöte, wenn sie von ihrem Weg abkam. Erschöpft erreichte sie endlich das Ufer und wärmte sich in einer heißen Quelle wieder auf. Sie lockte Tutanekai an ihre Seite, und sie vermählten sich an Ort und Stelle.

Am nächsten Morgen erfuhren alle, dass Hinemoa und Tutanekai geheiratet hatten. Der Häuptling gab dem Paar seinen Segen, und sie lebten glücklich bis an ihr Lebensende.

# Die Frau, die gut zu Insekten war

FABEL DER INUIT, ALASKA

In einem Jahr, als der Winter nahte, wurde eine alte Frau von ihrem Stamm im Sommerlager zurückgelassen. Sie hatte nur noch wenige Zähne zum Kauen, konnte keine Lederwaren für den Handel mehr herstellen und war zu langsam auf den Beinen, um es bis zu dem neuen Jagdgebiet zu schaffen. Als sich der restliche Stamm aufmachte, ließ er ihr ein paar Insekten in einem Korb als Nahrung zurück.

Die alte Frau betrachtete die Insekten und dachte sich, dass die armen Tiere noch ganz jung waren und sie bereits sehr alt. Sie fand, dass ihr selbst nicht mehr viel Zeit beschieden war, die Insekten jedoch noch ihr ganzes Leben vor sich hatten und vielleicht auch Kinder zeugen würden, so wie sie einst. Also beschloss sie, die Tiere nicht zu essen und freizulassen.

Die Insekten flogen oder krabbelten oder rannten davon, doch sie vergaßen nicht, was die alte Frau für sie getan hatte. Bald darauf schickten sie einen jungen Fuchs zu ihr ins Lager. Nachdem er sie beschnüffelt hatte, sprang der Fuchs auf sie und begann sie auf eine seltsame Weise zu beißen. Die alte Frau dachte zunächst, dass nun ihre Stunde geschlagen habe, doch dann bemerkte sie, wie der Fuchs nur am Rand ihrer Haut hineinbiss, als wollte er eine Naht entlang ihres Körpers anlegen. Der Fuchs zwickte und zerrte, bis die alte Frau ihre Haut wie einen Mantel abschütteln konnte. Als sie aus ihrer alten Haut schlüpfte, sah sie, dass die Haut darunter frisch und weich war, wie die einer viel jüngeren Frau. Sie lief zum Wasser und erkannte beim Blick auf ihr Spiegelbild, dass sie wieder jung geworden war.

Die Insekten, die sie befreit hatte, versammelten sich um sie und dankten ihr, dass sie sie verschont hatte. Und sie bedankte sich bei den Tieren für ihr neues Leben. Sie folgte ihnen in ihr Zuhause, und man erzählt sich, dass sie eine Schmeißfliege geheiratet hat, die sehr liebevoll zu ihr war.

# Der Junge und die Drachenperle

## CHINESISCHE LEGENDE

Drachen sind in China sehr mächtige Wesen. Sie symbolisieren Kraft, Geheimnisse und Glück. Sie können sich so klein wie eine Seidenraupe oder so groß wie das Universum machen. Sie können im Himmel oder in den Tiefen des Ozeans leben und Taifune, Tsunamis, Fluten und Regen auslösen. Sie können weite Strecken hinter sich legen, und manche von ihnen erfüllen sogar Wünsche. Oft tragen sie eine Perle mit sich, die die Essenz ihrer magischen Kraft enthält. Drachen sind so großartig, dass es in China die Redewendung gibt, »darauf zu hoffen, dass der eigene Sohn ein Drache wird«.

Es war einmal ein kleiner Junge, der lebte in einem Dorf, das unter einer jahrelangen Dürre ächzte. Nichts wuchs mehr, und selbst die Wildtiere litten Durst. Als der Junge ein dickes Kaninchen sah, folgte er diesem zu seinem Bau. Dort fand er eine kleine Grünfläche, die gedieh. Als er darin zu graben begann, stieß er auf eine riesige Perle. Der kleine Junge und seine Mutter wollten sich für die Perle Essen kaufen und legten sie über Nacht in einen Reiskrug und schliefen friedlich ein. Am nächsten Morgen sahen sie, dass der zuvor leere Krug vor Reis überging. Das Wunder wiederholte sich, als sie die Perle in einen Ölkrug und dann in eine Geldbüchse legten. Der Junge und seine Mutter erkannten, dass es sich um eine magische Perle handelte, und hörten auf, sich Sorgen um ihr Essen zu machen. Doch ihr neugewonnenes Glück blieb nicht unbemerkt, und so verwüsteten gierige Männer ihr Haus, um zu finden, was sie verbargen.

In seiner Angst schluckte der Junge die ganze Perle. Daraufhin befiel ihn ein unglaublicher Durst. Er trank einen ganzen Wasserkrug leer, dann einen ganzen Brunnen und schließlich stürzte er sich in den Fluss. Er stieg als gewaltiger Drache wieder empor und schwang seinen Schwanz hin und her, sodass die Männer vor Angst davonliefen. Der Junge, der sich in einen Drachen verwandelt hatte, und seine Mutter sahen sich tief in die Augen. Sie wussten, dass er sich nie wieder zurückverwandeln konnte. Also wurde er zum Beschützer des Flusses, und seine Mutter besuchte ihn häufig.

# *Mwindo*

## MYTHOS DER NYANGA, ZENTRALAFRIKA

Vor langer Zeit drohte der böse Häuptling Shemwindo in dem Dorf Tubondo seinen Frauen, dass sie ihm nur Mädchen gebären durften. Seine ersten sechs Frauen brachten Mädchen auf die Welt, doch seine siebte Frau, Nyamwindo, gebar einen Sohn aus der Kuppe ihres Mittelfingers. Der Junge wurde Mwindo genannt, und er kam mit einer magischen Fliegenklappe, einem Querbeil und einem Glücksbeutel, der ein langes Seil enthielt, auf die Welt. Als Shemwindo von seinem Sohn erfuhr, versuchte er ihn zu töten, indem er ihn in einer Trommel einschloss und in den Fluss warf.

Doch die Trommel trieb auf dem Fluss dahin, und Mwindo beschloss. die Gelegenheit zu nutzen, um seine Tante Iyangura zu besuchen. Auf seiner Reise begegnete er vielen Hindernissen und Göttern, die ihm den Weg versperrten. Doch er traf auch auf Götter, die ihn unterstützten. Schließlich gewann er den Beistand seiner Tante, die ihm dabei half, seine Onkel dazu zu bringen, ihm eine magische Rüstung zu schmieden, damit er nach Tubondo zurückkehren und seinen Vater herausfordern konnte. Eine große Schlacht entbrannte, die erst endete, als Mwindo die Blitze des Gottes Nkuba herbeirief, um Tubondo zu zerstören. Mwindo baute das Dorf mit seiner Fliegenklappe wieder auf, musste aber feststellen, dass Shemwindo durch ein geheimes Loch, das die Pforte zur Unterwelt darstellte, entkommen war.

Mwindo verfolgte seinen Vater bis zum Totengott Muisa. Mwindo freundete sich mit dessen Tochter Kahindo an, die ihm half, die Aufgaben ihres Vaters zu lösen, wie etwa eine Bananenplantage in einer Nacht anzupflanzen und abzuernten. Doch als Mwindo den Totengott bezwang, war Shemwindo bereits in den Himmel entkommen. Mwindo folgte ihm und spielte mit dem Himmelsgott Sheburungu um seinen Vater. Am Ende gewann Mwindo und brachte seinen Vater zurück auf die Erde.

Zurück in Tubondo heiratete Mwindo eine Menschenfrau. Er ließ drei Throne aus Messing bauen, die drei Meter über dem Boden schwebten. Seine Tante saß ihm als wichtige Beraterin zu seiner Rechten, sein Vater als schweigender Gefangener zu seiner Linken, und in der Mitte thronte Mwindo als weiser und mächtiger König.

# Tàj al-Mulúk und Prinzessin Dunyà

PERSISCHES VOLKSMÄRCHEN

Prinz Tàj al-Mulúk, Sohn von König Suleiman, Schah des Grünen Lands und der Berge von Isfahan, war 18, als er den Händler Aziz traf. Dieser zeigte dem Prinzen all seine Waren. Am meisten faszinierte ihn ein Stück Leinen, auf dem anmutig stolzierende Gazellen abgebildet waren. Der Händler erzählte dem Prinzen, dass die Arbeit von der schönen und schlauen Prinzessin Dunyà von den Kampferinseln stammte. Ohne sie getroffen zu haben, verliebte sich Tàj al-Mulúk in sie und ließ seinen Vater eine Delegation zur Brautwerbung schicken. Prinzessin Dunyà jedoch sagte ihnen, dass sie alle Männer hasse, und drohte, jeden Ehemann zu töten, den zu heiraten sie gezwungen werde.

Unbeirrt reisten Tàj al-Mulúk, sein Wesir und Aziz als Kaufleute verkleidet zu den Kampferinseln und errichteten auf dem Basar ihren Stand, wo sie Stoffe anboten. Bald darauf kam eine alte Frau, um ein Tuch für Prinzessin Dunyà zu kaufen. Tàj al-Mulúk gab es ihr als Geschenk und steckte ihr einen Brief für die Prinzessin zu. Auf diesem Weg tauschten Tàj al-Mulúk und Dunyà viele Briefe aus. Der Prinz verliebte sich immer mehr in sie, und auch die Prinzessin fühlte sich zu ihm hingezogen, wollte aber nach wie vor nicht heiraten. Die alte Frau erzählte Tàj al-Mulúk, dass die Prinzessin einmal von einem Taubenweibchen geträumt hatte, das sich in einem Netz verfangen hatte und dessen Partner nichts unternahm, um es zu retten. Daraus schloss sie, dass sie Männern niemals trauen konnte.

Tàj al-Mulúk ließ daraufhin ein Gemälde anfertigen und in einem Garten aufstellen, den die Prinzessin oft besuchte. Das Bild zeigte ein Taubenweibchen gefangen in einem Netz und seinen Partner in den Klauen eines Raubvogels. Als Dunyà dies sah, begriff sie, dass sie ihren Traum falsch gedeutet hatte. Und als sich Tàj al-Mulúk ihr zeigte, verliebte sie sich sofort in ihn. Sie liebten sich, und der Prinz versteckte sich über mehrere Monate als junge Dame verkleidet in ihren Gemächern. Da der Wesir nicht wusste, was mit ihm geschehen war, rief er den König samt seiner Armee herbei, um den Prinzen zu retten. Als der König eintraf, gab sich der Prinz zu erkennen, und es wurde eine offizielle Hochzeit für das Liebespaar arrangiert.

# Boitatá

## BRASILIANISCHER MYTHOS

Der Legende nach herrschte vor langer Zeit eine Nacht, die nicht vergehen wollte. Tief im Amazonas-Regenwald blieb die Nacht über Tage, dann Wochen und schließlich Monate. Die Menschen begannen in ihrer Dunkelheit zu verhungern, da sie keine Früchte sammeln oder anbauen konnten. Es war zu finster, um irgendetwas zu sehen, selbst zu finster, um Holz zu hacken und damit Feuer zu machen. Die Lage wurde immer bedrückender, und die Menschen und Tiere bekamen es mit der Angst zu tun. Dann begann es zu regnen.

Der Regen hielt an, ohne dass ein Ende in Sicht war. Der Wald wurde überflutet, und viele Tiere und Menschen, geschwächt durch Hunger und Kälte, ertranken in den ohne Unterlass steigenden Fluten.

Zu dieser Zeit erwachte eine riesige Schlange, die auf einem Holzstamm tief im Wald geruht hatte, aus ihrem Schlaf. Sie verspürte einen großen Hunger. Mit Leichtigkeit glitt sie durch den nassen Wald, da sie schwimmen konnte und an die Dunkelheit gewohnt war. Sie aß all die toten Tiere, die im Wasser herumtrieben, bis ihr der Bauch fast platzte. Da sie so viele Tiere zur Auswahl hatte, begann die Schlange schließlich nur jene Teile zu verzehren, die ihr am besten schmeckten: die Augen. Die Augen der Tiere glänzten hell, da sie noch mit dem Licht der letzten Sonnenstrahlen erfüllt waren, die die Tiere gesehen hatten. Und mit jedem Auge, das die Schlange schluckte, wurde sie immer leuchtender. Sie aß so viele Augen voller Licht, dass sie sich schließlich in Feuer verwandelte und mit ihrem Glanz den Regen und die Nacht vertrieb und den Wald wieder mit Wärme und Licht erfüllte. Die Schlange wurde als Boitatá bekannt.

Heutzutage wird Boitatá als Beschützerin der Wälder und Felder betrachtet. Ihre glänzenden Augen können in der Dunkelheit alles sehen. Sie wird alle töten, die versuchen, den Wald in Brand zu stecken, und ihre Augen verspeisen. Jeder, dem das Unglück widerfährt, die Schlange zu erblicken, wird blind, wahnsinnig oder stirbt.

# Zottelhaube

## NORWEGISCHES MÄRCHEN

Es war einmal eine Königin, die wünschte sich vergeblich ein Kind. Da traf sie ein Bettelweib, das der Königin riet, ihr Badewasser unter ihrem Bett auszuschütten. Am nächsten Morgen würden dort zwei Blumen wachsen. Das Bettelweib ermahnte die Königin, nur die schöne Blume zu essen. Dieser schmeckte die schöne Blume jedoch so gut, dass sie auch die hässliche Blume aß. Neun Monate später wurde ein hässliches, wildes Mädchen geboren, das eine zerfledderte Haube trug, auf einer Ziege ritt und einen hölzernen Löffel schwang. Kurz darauf kam ein reizendes Mädchen auf die Welt.

Die Königin war entsetzt über das grässliche Kind namens Zottelhaube, aber ganz angetan von der hübschen Zwillingsschwester. Die Familie lebte glücklich, bis eines Tages Trolle das Königreich heimsuchten. Zottelhaube bat ihre Familie, auf ihren Zimmern zu bleiben, während sie sich um die Trolle kümmerte. Sie setzte sich auf ihre Ziege und schlug die Trolle mit ihrem Holzlöffel, dass diese heulten. Die schöne Schwester steckte ihren Kopf heraus, um zu sehen, was passiert war. Schnell wie der Blitz rissen die Trolle ihr den Kopf ab und ersetzten ihn durch einen Kalbskopf, bevor sie davonliefen.

Zottelhaube schnappte sich ihre Schwester und folgte ihnen über das Meer. Als sie im Reich der Trolle angekommen waren, verprügelte Zottelhaube sie alle und holte den Kopf ihrer Schwester zurück. Nachdem sie die Köpfe wieder ausgetauscht hatte, zog Zottelhaube mit ihrer Schwester weiter in ein benachbartes Königreich, wo sie den König zu sehen verlangte. Dieser war neugierig, wer ein solches Tohuwabohu veranstaltete, und verliebte sich auf den ersten Blick in die schöne Prinzessin. Die Schwestern einigten sich, dass die schöne Prinzessin den König und Zottelhaube den Prinzen heiraten würde. Der Prinz wollte das nicht, wurde aber von seinem Vater dazu gezwungen.

Am Tage ihrer Hochzeit bat Zottelhaube den Prinzen, sie zu fragen, was es mit der zerfledderten Haube, dem abgenutzten Löffel und der struppigen Ziege auf sich habe. Als er dies tat, verwandelten sie sich in ein schönes Kleid, ein königliches Zepter, ein edles Ross und Zottelhaube in eine bezaubernde Prinzessin. Und sie lebten glücklich und zufrieden bis an ihr Lebensende.

# König Artus

## KELTISCHE LEGENDE, BRITANNIEN

Vor langer, langer Zeit wurde Britannien von den Sachsen überfallen und der König entthront. In diesen Zeiten des Aufruhrs verbreitete sich die Prophezeiung, dass nur der eine wahre König in der Lage sei, ein Schwert aus einem alten Stein zu ziehen; ein König, der Britannien wiedervereinen und die Sachsen in die Flucht schlagen würde. Der junge Artus war dieser eine wahre König, und als es ihm gelang, das Schwert mühelos herauszuziehen, scharten sich die Menschen hinter ihn. Mit der Hilfe eines weisen, alten Zauberers namens Merlin sammelte König Artus die besten Ritter des Reichs an der Runden Tafel in seinem Schloss Camelot um sich.

König Artus vertrieb nicht nur die Armee der Sachsen, sondern auch übernatürliche Gefahren wie das gigantische Katzenmonster Cath Palug, den verzauberten und giftigen Eber Twrch Trwyth, das hundeköpfige Volk der Kynokephalen, den Riesen Cribwr Gawr und viele mehr. In einem seiner bemerkenswerten Abenteuer reiste König Artus, nachdem sein Schwert beschädigt worden war, an den See, der die magische Insel Avalon umgab. Als er mit einem Kahn hinausruderte, wurde er von der Herrin des Sees, einer magischen, nymphenähnlichen Frau namens Nimue, begrüßt. Sie entstieg dem Wasser, um ihm das verzauberte Schwert Excalibur zu reichen, das ihm mehr Stärke verlieh, die dunklen Mächte zu vertreiben, die Britannien heimsuchten.

Nachdem König Artus mit seinen Rittern der Tafelrunde alle fremden Heere geschlagen und alles Böse ausgemerzt hatte, war er in der Lage, in Frieden und Wohlstand zu herrschen. König Artus und seine Königin Guinivere regierten gerecht und voller Anteilnahme. Ihre Ehe blieb jedoch kinderlos.

Leider nahm die friedliche Regentschaft ihr Ende, als König Artus' Halbschwester Morgan le Fay den bösen Mordred unterstützte und versuchte, den Thron an sich zu reißen. König Artus gelang es, Mordred zu erschlagen, wurde in der Schlacht aber tödlich verwundet. Seinem letzten Wunsch folgend, wurde sein Schwert Excalibur an die Herrin vom See zurückgegeben.

# Bodhisattva Avalokiteshvara

## BUDDHISTISCHER BODHISATTVA, INDIEN

Avalokiteshvara, der Bodhisattva des Mitgefühls, fühlt sich dazu verpflichtet, alle Wesen vom Leid zu befreien. Da er die Gabe besitzt, sich in verschiedenen Geschlechtern und Formen zu manifestieren, zog Avalokiteshvara aus, um all die Geschöpfe im Universum zu betrachten. Er stellte fest, wie viele von ihnen durch ihr Festhalten und ihre Wahnvorstellungen in ihr Leid verstrickt sind. Angekettet an ihr Ego, waren die Lebewesen des Universums im Zyklus von Tod und Wiedergeburt gefangen, unfähig die Erleuchtung zu erlangen.

Der Bodhisattva war erfüllt von Kummer, und mit Tränen in den Augen fragte er die vielen Buddhas – all jene, die die Erleuchtung erreicht hatten und dem ewigen Kreislauf von Tod und Wiedergeburt entkommen waren –, wie er den leidenden Wesen am besten helfen könne. Die Buddhas sagten Avalokiteshvara, dass er durch Güte, Liebe und Mitgefühl angetrieben niemals in seinen Anstrengungen nachlassen dürfe, wenn er all den Geschöpfen des Universums helfen wolle. Er nutzte seine Fähigkeit, sich in der jeweils nötigen Form zu manifestieren, um jedem Individuum zu helfen, egal ob als König, General, Mönch, Bettler, Frau, junges Mädchen, Kind, Tier, Drache, Monster oder irgendeine andere Kreatur.

Avalokiteshvara wirkte ohne Unterlass und half vielen Menschen, ihrem Leid zu entkommen. Doch als sich der Bodhisattva umschaute, erkannte er, dass die Zahl der leidenden Wesen keineswegs abgenommen hatte, denn es gab unendlich viele von ihnen. Da teilte sich sein Kopf in elf Köpfe auf, zehn davon mit wohlwollenden Gesichtern und einer mit einer zornigen Fratze, denn manchmal muss hart durchgegriffen werden, um die Botschaft der Erleuchtung zu verbreiten. Dann teilten sich seine Arme in tausend Arme auf, jeder mit einem Auge in seiner Handfläche, um die Arbeit besser sehen und verrichten zu können, die nötig ist, um die Erleuchtung zu verbreiten.

Hinweis: Avalokiteshvara ist der beliebteste und bekannteste der Bodhisattvas, also jener erleuchteter Wesen, die andere auf ihrem Weg zur Erkenntnis unterstützen. Man glaubt, dass alle Menschen im Laufe ihres Lebens zumindest einmal von ihm berührt werden.

# Beaivi-nieida

## SAMISCHE GÖTTIN

Im hohen Norden am Polarkreis ist der Winter lang und dunkel. und die Sonne ist über eine lange Zeitspanne hinweg trübe und kaum zu sehen. Dort lebt seit jeher das Volk der Samen und hütet seine Rentiere, während es auf die Rückkehr der Sonnengöttin Beaivi und ihrer Tochter Beaivi-nieida wartet. Tief im Winter greift die Abwesenheit von Beaivi und Beaivi-nieida sowie die lang anhaltende Dunkelheit die geistige Gesundheit jener an, die auf der Erde leben. Während dieser Zeit werden die Göttinnen schwach, weshalb ihnen weiße Rentiere als Opfer dargebracht werden, um sie zu stärken, damit sie zurückkehren können. Weibliche Rentiere sind am schnellsten und daher die beste Opfergabe.

Im Frühling kehrt Beaivi in den Himmel zurück. Die gefrorene Butter schmilzt, die Welt erblüht, und die Rentiere paaren sich. Sie segnet jene, deren geistige Gesundheit sich während des Winters verschlechtert hat. Sie und ihre Tochter Beaivi-nieida reiten hoch am Himmel in einem Schlitten aus Geweihen und sorgen für Fruchtbarkeit und Leben auf der Erde. Im Sommer bringen die Rentiere ihre Kälber zur Welt, und den Göttinnen wird zum Dank ein Haferbrei aus reichhaltiger, fetter Rentiermilch dargebracht.

Vor langer, langer Zeit verließ Beaivi-nieida einmal ihre Mutter im Himmel, um sich den Menschen auf der Erde anzuschließen. Sie war voller Licht und Güte und teilte ihr Wissen über viele Dinge mit den Menschen. Zuerst schätzten die Leute sie sehr und freuten sich, das Geschichtenerzählen, die Stickerei, das Knopfanfertigen, Seemannslieder und viele, viele weitere Kunstfertigkeiten von ihr zu erlernen. Doch schließlich wurden sie verdrießlich und eifersüchtig auf ihre schier endlosen Fähigkeiten und versuchten, sie zu töten. Sie nahmen deshalb Beaivi-nieida gefangen und zermalmten sie unter einem riesigen Felsen. Also kehrte sie zurück in den Himmel zu ihrer Mutter, der Sonnengöttin. Bis heute ist sie nicht wiedergekommen.

# Sedna

MYTHOS DER INUIT, KANADA

Es war einmal eine schöne Frau namens Sedna, die lebte hoch im Norden. Als sie im heiratsfähigen Alter war, weigerte sich Sedna, gegen den Wunsch ihrer Familie, sich zu vermählen. Sie hatte an jedem ihrer Verehrer etwas auszusetzen und drohte damit, einen Schlittenhund zu heiraten.

Ihr Vater war wütend auf sie, und als ein gutaussehender, geheimnisvoller Jäger in ihrem Dorf auftauchte und um Sednas Hand anhielt, stimmte er sogleich zu. Der unbekannte Jäger versprach der Familie eine große Menge an Fleisch und Fellen als Brautgabe, und Sedna willigte ein. Nach der Hochzeit kehrte er mit ihr auf seine Insel zurück. Als sie dort angelangt waren, offenbarte er ihr, dass er gar kein Mann sei, sondern ein Vogel, der die Gestalt eines Menschen angenommen hatte. Sedna war wütend über diese Täuschung und noch wütender darüber, dass er als Vogel kein besonders guter Jäger war. Er fing und brachte ihr nur Fisch zum Essen, weshalb sie auf Fleisch und Felle verzichten musste. Doch sie war auf der Insel gefangen und versuchte, das Beste daraus zu machen.

Schließlich kam Sednas Vater zu Besuch und bemerkte sofort, wie erbärmlich es ihr ging. Er fand heraus, dass der geheimnisvolle Fremde ein Lügner war. Er tötete den Vogel, setzte Sedna in sein Kajak und wollte nach Hause rudern. Als aber die Familie des Vogels sah, dass er ermordet worden war, kreischten sie auf vor Zorn. Sie machten sich auf, ihn zu rächen, und schlugen so heftig mit ihren Flügeln, dass sie einen Sturm entfachten. Das kleine Kajak war schnell in Seenot, und Sednas Vater, der verzweifelt versuchte, die Vögel zu besänftigen und sein Leben zu retten, warf seine Tochter über Bord. Sedna krallte sich an dem Rand des Bootes fest und ließ nicht los. Da zog ihr Vater sein Messer und schnitt ihr die Finger ab. Erfüllt von Zorn sank Sedna auf den Boden des Meeres. Und so wurde sie zu einer grimmigen Meeresgöttin. Ihre Finger wurden zu Robben und Walen, und ihr langes Haar wuchs heran, bis es alle Meeresbewohner auf der ganzen Welt umschlang.

Seither müssen die Menschen, wenn sie sich auf dem Ozean auf die Jagd begeben, Sedna friedlich stimmen und sie anbeten, damit sie die Geschöpfe des Meeres freigibt.

# Die wunderschöne Wassilissa

## RUSSISCHES MÄRCHEN

Ein Kaufmann und seine Frau hatten eine liebenswerte Tochter, bekannt als die wunderschöne Wassilissa. Die Mutter starb, als Wassilissa noch jung war. Auf ihrem Sterbebett gab sie ihrer Tochter eine kleine Holzpuppe und sagte, dass sie ihr ein bisschen was zu Trinken und zu Essen geben sollte, dann würde die Puppe sie trösten. Nachdem ihre Mutter starb, folgte das Mädchen ihrem Rat, und ihr Schmerz wurde durch die Gegenwart der Puppe gelindert.

Die Zeit verging, und der Kaufmann heiratete eine Frau mit zwei Töchtern. Die Stiefmutter war eifersüchtig auf Wassilissa, weil die jungen Männer sie ihren beiden Töchtern vorzogen. Als sich der Kaufmann auf eine lange Reise begab, zog die Stiefmutter mit den drei Mädchen in eine düstere Hütte im Wald. Dann löschte sie alle Lichter im Haus und bat Wassilissa, zur Nachbarin Baba Jaga zu gehen und um Feuer zu bitten.

Ihre Puppe schenkte ihr Zuversicht, und so durchquerte Wassilissa den dunklen Wald zu Baba Jagas Haus, das auf Hühnerbeinen stand und von einem Zaun umgeben war, auf dem menschliche Schädel steckten, aus denen Feuer loderte. Während Wassilissa vor dem Zaun wartete, kam zuerst ein ganz in weiß gekleideter Reiter vorbei, dann ein roter Reiter, dann ein schwarzer Reiter. Schließlich ritt die alte Baba Jaga selbst in ihrem Mörser herbei.

Baba Jaga erklärte sich bereit, Wassilissa Feuer zu geben, doch nur wenn sie einige unmögliche Aufgaben lösen würde, andernfalls erwartete sie der Tod. Wassilissa war verzweifelt, als sie mit den Aufgaben begann, denn sie konnte nicht innerhalb eines Tages die Mohnsamen aus einem Schmutzhaufen sortieren oder die schlechten von den guten Maiskörnern. Da sagte die kleine Puppe, sie solle sich schlafen legen, während sie die Arbeit verrichte.

Als die überraschte Baba Jaga fragte, wie sie die Aufgaben gelöst hatte, antwortete Wassilissa, dass sie von ihrer Mutter gesegnet sei. Erschrocken sagte Baba Jaga, dass sie nichts mit gesegneten Leuten zu tun haben möchte. Sie warf Wassilissa aus ihrem Haus und schickte sie mit einer Schädel-Laterne voll glühender Kohlen zurück. Als Wassilissa in der Hütte ankam, verbrannte der Schädel auf magische Weise die Stiefmutter und die beiden Stiefschwestern zu Asche.

# Amhaeng-eosa

## KOREANISCHE LEGENDE

Die Amhaeng-eosa, oder geheime königliche Inspektoren, sind historisch belegt und wurden vom König ernannt und mit der Befugnis ausgestattet, die Korrupten zu bestrafen und die Bedürftigen zu unterstützen. Sie reisten auf geheimer Mission in die Provinzen und nutzten ihre verdeckten Identitäten, um Regierungsbeamte zu untersuchen. Sie gaben sich dann durch ihr *Mapae* zu erkennen, ein Medaillon, das ihre Machtbefugnis bestätigte. Obwohl sie wirklich existierten, wurden sie bereits während der Joseon-Dynastie durch Theaterstücke und Bücher popularisiert und mythisch verklärt.

Eine der bekanntesten Geschichten ist jene von Chunhyang. In dieser Erzählung verliebt sich der gutaussehende Yi Mongryong in die schöne Chunhyang und heiratet sie. Leider musste er nach Seoul reisen, um sich als Amhaeng-eosa ausbilden zu lassen, als ein neuer Regierungsbeamter, der gemeine Pyon, die Kontrolle über das Gebiet übernahm. Chunhyang gelobte, geduldig auf Yi Mongryong zu warten, und gab ihm einen Ring, damit er sich an sie erinnerte. Doch als er weg war, setzte der unersättliche Pyon alles daran, die liebliche Chunhyang zu einer seiner Kurtisanen zu machen.

Chunhyang wehrte die Avancen von Pyon ab, was den Wichtigtuer erzürnte, weshalb er sie einsperren ließ. In der Zwischenzeit hatte Yi Mongryong die Prüfung zum Amhaeng-eosa bestanden und war heimlich in sein Dorf zurückgekehrt, wo er auf das von Pyon verursachte Chaos traf. Er ermittelte verdeckt als Bettler und stieß auf all die von Pyon begangenen Verbrechen, der seine Pflichten vernachlässigt, ausschweifende Feste veranstaltet und seine Macht missbraucht hatte, um die Bevölkerung einzuschüchtern. Auf Pyons Geburtstagsfeier, gerade als dieser die treue Chunhyang bestrafen wollte, gab sich Yi Mongryong als Amhaeng-eosa zu erkennen und verurteilte Pyon für seine ganzen Missetaten. Pyon wurde abgesetzt und ein neuer, aufrechter Beamter mit der Aufgabe betraut.

Chunhyang war glücklich über ihre Rettung, erkannt jedoch Yi Mongryong zunächst nicht wieder und lehnte seine Liebesbekundungen ab. Erst als er ihr den Ring zeigte, wusste sie, wer er war. Chunhyang war voller Freude, und das Paar lebte glücklich zusammen bis an sein Lebensende.

# La Llorona

## MEXIKANISCHE FOLKLORE

Es war einmal eine junge Frau namens Maria, die lebte in einem kleinen Dorf. Ihre Familie war zwar sehr arm, doch sie selbst war sehr schön, und so fiel sie einem extrem reichen Mann ins Auge. Als er eines Tages durch das Dorf ritt, erblickte er sie und hielt, von ihrer Anmut verzaubert, augenblicklich um ihre Hand an. Sie war geblendet von ihm und, ermutigt durch ihre Familie, akzeptierte seinen Antrag.

Seine Familie war von der Liaison weniger angetan, weshalb er ihr in ihrem kleinen Dorf ein Haus baute, wo er sie besuchte. Maria schenkte ihm zwei schöne Söhne, und eine Zeitlang waren sie sehr glücklich. Doch ihr Ehemann war ständig auf Reisen und verbrachte immer weniger Zeit mit seiner kleinen Familie. Dann begann er Maria zu ignorieren und nur noch seinen Söhnen Aufmerksamkeit zu schenken. Letzten Endes ließ er sich gar nicht mehr blicken. Als sie ihm schließlich doch wieder begegnete, war er mit einer anderen Frau aus vornehmem Hause zusammen.

Außer sich vor Wut verlor sie den Verstand und ließ ihren Zorn an seinen Söhnen aus. Sie brachte die Kinder zum Fluss und ertränkte sie dort.

Als sie wieder zur Besinnung kam und erkannte, was sie getan hatte, war sie von Reue und Trauer erfüllt, denn natürlich hatte sie ihre Söhne geliebt. Sie suchte und suchte nach ihnen, doch ihre Körper waren verschwunden. Also ertränkte sie sich selbst im Fluss.

Als sie an den Pforten zum Jenseits ankam, wurde Maria der Durchgang ohne ihre Kinder verwehrt. Sie wurde gezwungen, auf die Erde zurückzukehren. Gefangen zwischen der Welt der Lebenden und der Toten, begann sie nach ihren Kindern zu suchen. Bis zum heutigen Tag sucht sie weiter und entführt Kinder, die in der Nacht alleine herumgehen, und ertränkt sie, um mit ihnen ihre eigenen Kinder zu ersetzen. Man kann sie weinen hören, »¡Ay, mis hijos!« oder »Oh, meine Kinder!« Deshalb ist sie heute als La Llorona, die Weinende, bekannt.

# *Die sechs Schwäne*

## DEUTSCHES MÄRCHEN

Es war einmal ein König, dessen Frau starb und ihn mit sechs Söhnen und einer Tochter zurückließ. Bald darauf heiratete der König eine geheimnisvolle Frau aus dem Wald. Sie war eifersüchtig auf die Söhne und schlich sich in ihr Zimmer, wo sie die Prinzen in Schwäne verwandelte und in die Wildnis verbannte. Die Frau behauptete, die Söhne wären gestorben, doch die Prinzessin glaubte ihr nicht und lief in den Wald. Dort traf sie auf eine Fee, die ihr erzählte, dass ihre Brüder verflucht seien. Der Bann könnte jedoch gebrochen werden, wenn sie jedem von ihnen ein Hemd aus stacheligen Nesseln anfertigte und in dieser Zeit mit niemandem sprach.

Die Schwanenbrüder fanden ihre Schwester, die ihnen von ihrer Aufgabe erzählte. Sie flogen mit ihr über das Meer und bauten ihr in dem neuen Land ein kleines Haus. Dort arbeitete sie jahrelang ohne Unterlass. Sie pflückte die Nesseln mit ihren bloßen Händen, drückte sie barfuß platt und webte und nähte die Hemden ganz allein, ohne ein einziges Wort zu sprechen.

Eines Tages erspähte der König des fremden Landes sie beim Arbeiten und verliebte sich in die Schönheit. Er überredete sie, ihm in sein Schloss zu folgen, wo sie unter seinem Schutz stand. Obwohl er freundlich zu ihr war und sie beschenkte, sagte sie nie etwas, sondern lächelte nur und fuhr mit ihrer Arbeit fort. Der König verliebte sich immer mehr in sie, doch seine Mutter verachtete sie. Sie beschuldigte die Prinzessin, eine Hexe zu sein, die giftige Hemden aus Nesseln webte. Die Prinzessin, die nicht sprechen durfte, konnte sich nicht verteidigen und wurde verurteilt, auf dem Scheiterhaufen zu brennen.

Die Prinzessin nähte umso entschlossener weiter, und am Tag ihrer Hinrichtung war sie mit allen Hemden fertig, nur beim Letzten fehlten noch die Ärmel. Als der Scheiterhaufen angezündet wurde, erschienen die sechs Schwäne, und sie gab jedem von ihnen ein Hemd. Sie verwandelten sich alle wieder zurück, nur dem Jüngsten blieben die Schwanenflügel. Da sie nun nicht mehr schweigen musste, erzählte die Prinzessin ihre Geschichte. Die Leute waren ergriffen von dem Wunder, und die Prinzessin heiratete den König. Und wenn sie nicht gestorben sind, dann leben sie noch heute.

# *Pele*

## HAWAIIANISCHE GÖTTIN

Auf den Inseln von Hawaii gibt es viele Götter und Göttinnen, die bekannteste von ihnen ist die Vulkangöttin Pele. Sie ist die Tochter der Erd- und Fruchtbarkeitsgöttin Haumea und des grimmigen Gottes Kanaloa. Am Anfang lebte sie einträchtig mit ihren Geschwistern zusammen, doch der Frieden hielt nicht lange an. Pele benutzte ihren *Paoa*, einen langen Stock, mit dem man das Feld pflügt, um die Erde zu wenden und die Lava austreten zu lassen. Die Lava war reich an Nährstoffen, brachte aber auch Feuer und Tod. Ihre ältere Schwester, die Meeresgöttin Nā-maka-o-Kahaʻi, war eine bittere Rivalin von Pele und befürchtete, dass die Feuergöttin ihr Zuhause in Brand stecken würde.

Also spülte Nā-maka-o-Kahaʻi ihre Schwester auf ihren Wellen weg von zu Hause. Pele nahm einige ihrer Geschwister mit in das Kanu Honuaiākea und begab sich mit ihnen auf die Suche nach einer neuen Heimat. Nach einer langen Fahrt landeten sie schließlich auf den Inseln von Hawaii. Auf jeder Insel stiegen ein paar der Geschwister – verschiedene Gottheiten des Windes, Regens, Feuers, Meeres und der Wolken – aus und errichteten ihr neues Zuhause. Doch Nā-maka-o-Kahaʻi trieb mit ihren Fluten Pele weiter weg, bis sie auf der größten Insel ankam, wo sie bis heute in dem Vulkan Kilauea residiert.

Doch Pele war seither nicht ruhig. Sie ist eine mächtige Göttin, aber auch leidenschaftlich, schnell eifersüchtig und launenhaft. Sie hatte viele Liebhaber und verträgt es nicht, abgewiesen zu werden. Einst verliebte sie sich in den ansehnlichen Krieger Ohia, doch dieser war schon der schönen Lehua versprochen, die er liebte. In ihrem Zorn verwandelte Pele Ohia in einen krummen Baum. Lehuas Herz war gebrochen und die Götter erbarmten sich ihrer. Sie verwandelten sie in eine Blüte, die auf dem Baum wuchs, damit die beiden für immer vereint sind. Bis zum heutigen Tag wachsen als Erstes Ohiabäume mit Lehuablüten, nachdem die Lava das Land bedeckt hat.

# Hang Tuah

## MALAYSISCHE LEGENDE

Einer der berühmtesten Krieger von Malaysia ist Hang Tuah, ein mächtiger *Laksamana*, oder Admiral, und Meister in der Kampfkunst des Silat.

Hang Tuah wuchs als Holzfäller im Betrieb seiner Eltern auf, doch seine körperliche Kraft und sein kämpferisches Geschick führten ihn zu dem Lehrer Adi Putera. Dieser unterrichtete Hang Tuah und seine vier Freunde Hang Kasturi, Hang Lekir, Hang Lekiu und Hang Jebat in der Kunst des Silat und der Meditation. Die fünf Kameraden entwickelten eine große Fertigkeit, und sie waren bald überall für ihre Kühnheit bekannt.

Eines Tages begann eine Bande die Gegend nahe Kampung Bendahara zu terrorisieren. Sie gingen dabei so brutal vor, dass sich selbst die besten Wachmänner der Region vor ihnen fürchteten. Als Hang Tuah das sah, griff er die Bande mit seinen Kameraden so direkt und gekonnt an, dass diese flüchtete. Der Hauptmann der Garde war derart beeindruckt von Hang Tuah und seinen Freunden, dass er sie alle dem Sultan Muzaffar Syah vorstellte.

Hang Tuah wurde bald der treueste Laksamana des Sultans, und seine Fähigkeiten und Taten waren legendär. Bei einem Besuch in Majapahit kämpfte Hang Tuah in einem gnadenlosen Duell gegen Taming Sari, einen berühmten *Pendekar*, oder Silat-Meister, und besiegte ihn. Als Belohnung schenkte ihm Singhavikramavardhana, der Herrscher von Majapahit, den Kris Taming Sari. Dieser magische Dolch machte seinen Besitzer unverwundbar.

Hang Tuah half dem Sultan auch, die schöne Tun Teja zu heiraten. Diese war die Tochter von Seri Amar Di Raja Inderaputra, dem königlichen Regierungschef von Pahang. Obwohl der Sultan um ihre Hand angehalten hatte, wurde ihm diese aus politischen Gründen verwehrt. Also lockte Hang Tuah die schöne Tun Teja mithilfe von Geschenken und eines Liebestranks weg. Als der Vater von Tun Teja das bemerkte, sandte er Schiffe aus, um Hang Tuah zu verfolgen, woraufhin eine wilde Schlacht entbrannte. Hang Tuah trug schließlich den Sieg davon und brachte dem Sultan Tun Teja, die bereit war, diesen zu heiraten. Hang Tuah diente dem Sultan und seinem Nachfolger noch viele, viele Jahre.

# Druiden und weißer Hirsch

## KELTISCHE LEGENDE

Druiden und der weiße Hirsch waren Teil der alten keltischen Kultur. Als Druiden oder Druidinnen wurden Männer und Frauen bezeichnet, die religiöse Zeremonien leiteten, Recht sprachen, alte Weisheiten hüteten und als Heilkundige oder politische Berater aktiv waren. Sie vermittelten ihr Wissen mündlich, und es bedurfte vieler Jahre der Ausbildung, um als wahrer Druide anerkannt zu werden. Alle Druiden galten als weise und wissbegierig. In der Mythologie wirkten sie oft Zauber und konnten die Zukunft vorhersagen.

Der weiße Hirsch ist eine magische Figur aus keltischen Legenden, der manchmal als Bote der Unterwelt betrachtet wurde. Er ist unmöglich zu fassen, da er auf übernatürliche Weise stets der Gefangenschaft entgehen kann. Er taucht in einigen Artussagen auf, wo er den Beginn einer Heldenreise ankündigt und für die ewige spirituelle Reise des Menschen steht.

Eine berühmte Druidin war die Kriegerin Bodhmall, die Pflegemutter des berühmten Fionn mac Cumhaill, Anführer der Fianna. Die Geschichte beginnt, als Cumhaill von seinem Rivalen Goll mac Morna getötet wurde, der seinen Platz einnahm. Cumhaills Witwe Muirne, Tochter des Druiden Tadg mac Nuadat, fürchtete um das Leben ihres ungeborenen Sohns. Sie flüchtete sich zu Cumhaills Schwester, der Kriegerdruidin Bodhmall, und ihrer Gefährtin, der gefürchteten Kriegerin Liath Luachra. In deren abgeschiedenem Heim brachte Muirne ihren Sohn Fionn zur Welt und überließ seine Erziehung den beiden Frauen. Bodhmall und Liath Luachra lehrten ihren Ziehsohn Fionn all ihr druidisches Wissen und ihre Kampfkunst. Sie begleiteten ihn auf vielen Abenteuern, bis er alt genug war, um sich Goll mac Morna zu stellen.

Es gab weitere berühmte Druiden wie Cathbad, der Tragödien ebenso wie Glücksfälle vorhersagte, oder Amergin Glúingel, der Kraft seiner Magie Stürme herbeirufen konnte, um feindliche Schiffe von der Landung abzuhalten. Die Gallizenae, eine Gruppe von Druidinnen, die auf einer abgeschiedenen Insel lebten, hatten die Fähigkeit, mit ihren Beschwörungen das Meer und den Wind zu beeinflussen, sich selbst in ein beliebiges Tier zu verwandeln, Krankheiten zu heilen und jenen die Zukunft vorauszusagen, die sie konsultierten.

# *Enkidu und Gilgamesch*

## SUMERISCHER MYTHOS, MESOPOTAMIEN

Gilgamesch, der große König von Uruk, war zu zwei Dritteln göttlicher und einem Drittel menschlicher Abstammung. Niemand konnte sich mit seiner Kraft und seinem Elan messen. Seine nicht enden wollende Energie machte ihn zu einem sehr fordernden Herrscher, denn er wurde nie müde. Er verlangte nach Aufmerksamkeit, Huldigung und Liebe in einem Ausmaß, wie sie ihm kein normal Sterblicher geben konnte. Sein Volk wurde dessen schließlich so müde, dass es den Gott Anu um Hilfe bat. Anu erschuf daraufhin den wilden Mann Enkidu, um Gilgamesch zu besiegen. Während Gilgamesch ein unersättlicher, kultivierter Mann der Zivilisation war, durchströmte Enkidu die stete Kraft eines ungezähmten Tiers.

Als Gilgamesch das erste Mal auf Enkidu traf, war er aufgebracht über die Sturheit des Naturmenschen und forderte ihn zum Ringkampf heraus. Gilgamesch war daran gewöhnt, dank seiner göttlichen Kraft schnell die Oberhand zu gewinnen. Umso überraschter war er, als er in Enkidu einen ebenbürtigen Gegner fand. Die beiden waren gleich stark und rangen tagelang, ohne dass sich jemand durchsetzen konnte. Der Kampf endete unentschieden, und Gilgamesch war so beeindruckt von dem wilden Mann, dass sie umgehend Freundschaft schlossen.

Die beiden wurden unzertrennlich, bestritten gemeinsam viele Abenteuer und erlegten zahlreiche Monster. Doch eines Tages beging Gilgamesch den Fehler, Ištar, die Tochter des Gottes Anu, zu beleidigen. Ištar sann auf Rache und verlangte von Anu, den Himmelsstier zu senden, um Gilgamesch zu töten. Durch einen Zufall gelang es Gilgamesch jedoch, den Himmelsstier zu besiegen. Anu wollte Vergeltung. Anstatt Gilgamesch selbst umzubringen, tötete er das, was dieser am meisten liebte: Enkidu.

Der am Boden zerstörte Gilgamesch – getrieben von seiner Trauer um seinen geliebten Enkidu und von seiner Angst vor seiner eigenen Sterblichkeit – machte sich auf, die Unsterblichkeit zu suchen. Auf seiner Reise wurde er mit vielen Problemen und Sorgen konfrontiert und vor Aufgaben gestellt, die er ohne die Hilfe von Enkidu nicht lösen konnte. Er kehrte als erwachsener Mann nach Uruk zurück, der gelernt hatte, den Tod zu akzeptieren.

# Hah-nu-nah, die Welt-Schildkröte

IROKESISCHER MYTHOS, NORDAMERIKA

Am Anfang schwebte eine Insel im Himmel, in deren Mitte ein großer Baum stand, der für Licht und Nahrung sorgte. Auf dieser Insel gab es weder Geburt noch Tod, Krankheit oder Trauer; alle Bewohner lebten friedvoll und glücklich. Bis Himmelsfrau schwanger wurde, und ihr Mann, der Häuptling, den großen Baum ausriss und sie in das Loch steckte. Als sie nach unten glitt, schaffte es Himmelsfrau, einige Samen des Baums einzusammeln. Sie fiel durch die schwebende Insel und durch die Wolken auf das darunterliegende Meer zu.

Zwei Wasservögel sahen sie herabstürzen. Sie stiegen auf, um Himmelsfrau auf ihren Rücken aufzufangen, aber sie war zu schwer, um sich lang halten zu können. Als die Vögel sie zu den anderen Tieren gebracht hatten, wurde entschieden, dass sie einen stabileren Platz benötigte, um sich niederzulassen. Biber tauchte hinab auf den Meeresgrund, um etwas Erde zu holen, doch er ertrank. Ente versuchte es ebenfalls, doch auch sie ertrank. Schließlich tauchte Bisamratte hinab, und nach einer langen Zeit kehrte sie mit einer Pfote voll Schlamm zurück. Der Schlamm wurde auf die große Schildkröte Hah-nu-nah gelegt, denn sie war als Einzige stark genug, um die Welt zu stützen.

Der Schlamm wuchs und wuchs, bis er schließlich zur Erde wurde, getragen von Hah-Nu-Nah im Ozean des Kosmos. Die Vögel setzten Himmelsfrau auf der neuen Erde ab, und sie öffnete ihre Hände und ließ den Samen des großen Baums von der schwebenden Insel fallen. Diese Samen wuchsen heran und wurden zu den vielen verschiedenen Bäumen und Gräsern auf der Erde. Himmelsfrau brachte dann Zwillingssöhne zur Welt. Setzling war ein guter, lieber Junge und erschuf Flüsse und Fische und köstliche essbare Pflanzen. Flint hingegen tötete seine Mutter, als er sich seinen Weg aus ihrer Achselhöhle bahnte. Er ließ die Flüsse nur in eine Richtung fließen, gab den Fischen viele kleine Gräten und bedeckte die Beerensträucher mit Dornen. Die Brüder nahmen den Körper ihrer Mutter und formten aus ihm die Sonne und den Mond.

# Sita aus dem Ramayana

**HINDU-EPOS, INDIEN**

Dasharatha war der König von ganz Kosala, das er von seiner Hauptstadt Ayodhya aus regierte. Obwohl er drei Frauen hatte, war er kinderlos. Er vollzog deshalb ein Feuerritual und wurde endlich mit Rama, Lakshmana und Bharata gesegnet, die alle mit Eigenschaften von Vishnu ausgestattet waren. Vishnu, einer der drei Aspekte des höchsten Göttlichen, hatte beschlossen, als Sterblicher geboren zu werden, denn nur ein Mensch war in der Lage, den Dämonenkönig Ravana zu besiegen. Als Rama 16 wurde, unterrichtete der große Weise Vishvamitra ihn und seinen Bruder Lakshmana darin, Dämonen zu bekämpfen, und stattete sie mit übernatürlichen Waffen aus.

Im nahen Mithila fand König Janaka eines Tages beim Pflügen der Felder ein kleines Mädchen in einer Furche liegend. Er nahm sie auf und nannte sie Sita. Sie wuchs heran, und ihre Schönheit und Anmut waren unübertroffen. Janaka beschloss, dass nur derjenige würdig war, Sita zur Frau zu nehmen, der den schweren Bogen spannen konnte, den der Gott Shiva seiner Familie gegeben hatte. Rama hörte davon, war aber so stark, dass er den Bogen beim Spannen auseinanderbrach. Und so heirateten Rama und Sita.

Auf Betreiben seiner eifersüchtigen und hinterhältigen Stiefmutter, die sich Bharata auf dem Thron wünschte, wurde Rama aus Ayodhya verbannt. Seine treue Frau Sita und sein bester Freund und Bruder Lakshmana begleiteten ihn. Als der Dämonenkönig Ravana davon hörte, dass Rama zahlreiche Dämonen besiegt hatte, entführte er aus Rache Sita. Er brachte sie in sein Zuhause, wo sie sich wiederholt weigerte, ihn zu heiraten und Rama treu blieb. Nach mehreren Versuchen gelang es Rama schließlich, Ravana zu besiegen und Sita zu befreien.

Doch böse Gerüchte verbreiteten sich über Sita und die Zeit, die sie mit Ravana verbracht hatte. Rama forderte sie auf, ihre Reinheit durch eine Feuerprüfung, Agni Pariksha genannt, unter Beweis zu stellen. Gefangen zwischen zwei schwierigen Entscheidungen – einer Wahl zwischen Skylla und Charybdis – übergab sich Sita dem Feuer. Der Feuergott Agni schützte sie und bewies damit ihre Unschuld. Und so kehrten Sita und Rama nach Ayodhya zurück.

# Die Schöne und das Biest

## FRANZÖSISCHES VOLKSMÄRCHEN

Es war einmal ein Mann, der hatte drei Töchter, die alle die Kunst der Stickerei beherrschten. Der Vater liebte seine Kinder abgöttisch und pflückte auf seinem Heimweg oft Blumen, um damit seine Töchter zu inspirieren. Doch eines Tages konnte er auf dem ganzen Weg keine einzige Blume finden. Auf seiner Suche betrat er unbeabsichtigt das Grundstück des Biests.

Aufgebracht, dass dieser Mann in seinen Garten eingedrungen war, drohte das Biest, ihn zu verschlingen. In seiner Angst bat der Mann um Vergebung und sagte, er sei nur auf der Suche nach einem Geschenk für seine Töchter gewesen. Das Biest versprach ihn freizulassen, jedoch nur unter der Bedingung, dass der Mann ihm eine seiner Töchter als Braut überließ. Zögernd willigte der Mann ein.

Der Mann kehrte nach Hause zu seinen Töchtern zurück, erzählte ihnen aber nichts von der Abmachung, die er getroffen hatte, da er sich schuldig fühlte. Doch das Biest schickte Insekten los, die ihn von Tag zu Tag mehr piesackten, bis er endlich die ganze Geschichte gestand.

Als er ihnen den unglückseligen Vorfall erzählt hatte, weigerten sich die beiden älteren Töchter das Biest zu heiraten. Nur die Jüngste erklärte sich dazu bereit. Sie ging zu dem Biest und schreckte vor seinen gewaltigen Zähnen und funkelnden Augen zurück. Doch mit der Zeit gewöhnte sie sich daran. Sie führte den Haushalt in seinem schönen Heim, und es war sehr freundlich zu ihr. Und so lernte sie seine Gesellschaft schätzen.

Doch eines Tages erfuhr die Schöne, dass ihr Vater krank war, und bat das Biest, zu ihm zurückkehren zu dürfen. Es erteilte ihr die Erlaubnis zu gehen. Als sie viele Wochen später, nachdem ihr Vater wieder gesund war, wiederkam, lag das Biest vor Einsamkeit und Durst im Sterben. Sie zog es schnell zum Fluss und ließ es hineinfallen. Es verwandelte sich und tauchte als gutaussehender Mann wieder auf. Dieser erzählte der erstaunten Schönen, dass er verflucht worden war, ihre Liebe ihn aber befreit habe.

Von diesem Tag an besuchten die beiden häufig die Familie der Schönen und brachten ihr Geschenke und lebten glücklich und zufrieden bis an ihr Lebensende.

# Das kleine Mädchen mit den Schwefelhölzern

DÄNISCHES MÄRCHEN

Es war einmal ein armes, kleines Mädchen, das auf der Straße barfuß Schwefelhölzer verkaufte, um über die Runden zu kommen. Aber an Silvester brauchte keiner Zündhölzer, und keiner kaufte was bei ihr. Selbst als es zu schneien begann, hatte das Mädchen Angst, ohne Geld zu ihrem grausamen Vater heimzukehren. Also kauerte sie sich an einer Ecke zusammen. Doch als die Sonne unterging wurde es dunkler und kälter, und das kleine Mädchen konnte seine Finger nicht mehr spüren.

Aus Verzweiflung nahm das Mädchen ein Schwefelholz aus der Packung und zündete es an. Sie wärmte ihre Finger an der kleinen Flamme, die sich anfühlte wie ein eiserner Ofen – sie konnte fast seine Verzierungen erkennen. Doch als das Zündholz ausging, erlosch mit ihm auch die Vision, und das kleine Mädchen saß wieder armselig in der Kälte. Also entzündete sie ein weiteres Hölzchen, und dieses Mal sah sie ein köstliches Festmahl mit gebratener Ente samt Apfelfüllung. Und wieder verschwand die Vision mit der Flamme. Das dritte Schwefelholz zeigte ihr einen herrlichen Weihnachtsbaum voller Schmuck und Lichter, bis auch dieses erlosch und einen einzigen Stern am Himmel übrig ließ, der auf die Erde fiel.

Das kleine Mädchen erinnerte sich, wie seine verstorbene Großmutter – der einzige Mensch, der jemals liebevoll zu ihr gewesen war – ihm erzählt hatte, dass Sternschnuppen in dem Moment zu sehen seien, wenn jemand stirbt. Es zündete ein weiteres Hölzchen an und sah seine Großmutter vor sich, so freundlich und gütig wie eh und je. Das Mädchen befürchtete, die Großmutter würde mit dem ausgehenden Schwefelholz verschwinden, so wie die anderen Visionen. Daher zündete sie die ganze Packung an. Die Großmutter lächelte in dem hellen Schein und nahm das kleine Mädchen bei der Hand. Gemeinsam erhoben sie sich in den Himmel, wo es keine Kälte, keinen Hunger und keine Sorgen gibt.

Am nächsten Morgen fanden die Leute das kleine Mädchen tot im Schnee. Doch keiner bemerkte ihr zartes Lächeln oder wusste von ihrem Glück.

# Eselshaut

## FRANZÖSISCHES MÄRCHEN

Es war einmal ein stattlicher König, der hatte einen Goldesel. Er heiratete die schönste Frau der Welt, und die beiden bekamen eine Tochter, mit der sie friedvoll in ihrem florierenden Königreich lebten. Doch eines Tages, als die Königin auf dem Sterbebett lag, ließ sie den König schwören, dass er nur wieder heiraten dürfte, wenn seine neue Frau so schön wie sie sei. Kurz darauf starb sie. Nachdem er getrauert hatte, versuchte der König, eine neue Ehefrau zu finden, doch er musste erkennen, dass nur seine eigene Tochter schön genug war, um das gegebene Versprechen zu erfüllen.

Die Prinzessin war entsetzt darüber und bat die gute Fee um Hilfe. Diese riet ihr, unmögliche Forderungen an ihren Vater zu stellen, bevor sie einwilligen würde. Also verlangte die Prinzessin ein Kleid so strahlend wie die Sonne, ein Kleid so geheimnisvoll wie der Mond, ein Kleid so glitzernd wie die Sterne und als Letztes einen Umhang, gefertigt aus der Haut des wundersamen Goldesels. Als der König all diese Dinge erfüllte und selbst den Esel schlachten ließ, der dem Königreich Wohlstand garantierte, begriff die Prinzessin, wie entschlossen ihr Vater war. Sie streifte sich zur Tarnung die Eselshaut über und steckte alle drei Kleider in eine magische Walnuss.

Die Prinzessin flüchtete in ein anderes Königreich, wo sie in der Küche des königlichen Schlosses zu arbeiten begann. Dort blieb sie unter ihrer hässlichen Eselshaut verborgen, doch an Festtagen zog sie sich ihre glänzenden Kleider an. Der Prinz in diesem Schloss sah sie eines Tages und verliebte sich auf den ersten Blick in sie. Er verzehrte sich so sehr nach ihr, dass er nichts mehr essen wollte, außer die von dem Mädchen in der Eselshaut gekochten Speisen. Die verkleidete Prinzessin backte dem Prinzen einen Kuchen, in dem sie ihren Ring platzierte. Er fand ihn und verkündete, diejenige zu heiraten, welcher der Ring passte. Doch keine konnte sich den Ring überziehen, bis die Prinzessin hervortrat und ihn sich auf ihren Finger steckte. Dann zog sie sich ihre prachtvollen Kleider an und gab sich zu erkennen. Der Prinz und die Prinzessin heirateten, und wenn sie nicht gestorben sind, dann leben sie noch heute.

# *John Henry*

## US-AMERIKANISCHE LEGENDE

Im Süden der Vereinigten Staaten erzählt man sich die Legende von John Henry, der nicht vor allzu langer Zeit lebte. John Henry wurde als Sklave geboren und während des Amerikanischen Bürgerkriegs befreit. Als freier Mann zog er los, um sein Glück zu machen, und fand Arbeit bei einer Eisenbahngesellschaft. Die Bahn wurde zu jener Zeit zunehmend beliebter, und um dem Bedarf nachzukommen, verlegten die Kompanien immer mehr Gleise, um den Osten mit dem Westen zu verbinden. Damit die Strecken gebaut werden konnten, mussten viele Gebiete gerodet, Felsen gebrochen und selbst Hügel durchschnitten werden.

John Henry war ein Bär von einem Mann und liebte es, schwere Arbeit ordentlich zu verrichten, womit er ein geborener *Steel Driving Man* war. Steel Driver, auch als Hammer Men bekannt, schlugen mit dicken Stahlmeißeln Löcher in den Fels, in die Sprengstoff gesteckt wurde, um das Gestein zu zerkleinern. Ein Steel Driver wurde immer durch einen Shaker unterstützt, der bei dem Loch kauerte und den Meißel nach jedem Hammerschlag drehte. Da John Henry kein gewöhnlicher Mann war, schwang er zehn bis zwölf Stunden am Tag einen über sechs Kilogramm schweren Hammer, schneller und länger als alle anderen.

Eines Tages stieß John Henrys Eisenbahnkompanie auf einen Berg, den sie nicht umgehen konnte, weswegen die Steel Driver gefragt waren. In diesem Moment kam ein Vertreter vorbei, welcher der Eisenbahngesellschaft erzählte, dass sein neuer dampfbetriebener Drillbohrer sich schneller und länger durch den Berg arbeiten konnte als jeder Mann. Er behauptete, dass die Kompanie dank seines Bohrers keine weiteren Arbeiter benötigte und sie entlassen konnte.

John Henry wollte das nicht akzeptieren. Um die Rechte der Arbeiter zu verteidigen, ließ er sich auf den Wettstreit ein und nahm dabei einen noch schwereren Hammer in die Hand. Es ging los. Die Maschine dampfte, und der Mann hämmerte. Beide werkten so schnell, dass sie nur noch verschwommen zu erkennen waren. Als der Wettkampf vorbei war, zersprang John Henrys Herz vor Erschöpfung, doch er hatte gewonnen: Die Maschine hatte knapp drei Meter tief gebohrt, John Henry kam hingegen auf über vier Meter!

# *Apsaras*

## HINDUISTISCHER MYTHOS, KAMBODSCHA

Indra ist der mächtige Gott des Blitzes, Donners, Sturms, Regens, der Ströme und des Krieges. Er ist auch der König des Himmels sowie der Devas und Devis genannten männlichen und weiblichen Himmelswesen. Seine Attribute sind der Donnerkeil Vajra, den er als Waffe schwingt, und der dreiköpfige weiße Elefant Airavata, auf dem er reitet. Er ist allerdings auch dafür bekannt, große, ausschweifende Feste zu feiern. Er umgibt sich dabei mit Gandharvas, männlichen Naturgeistern, die exzellente Musiker sind, und ihren weiblichen Pendants, den tanzenden Apsaras. Die Apsaras sind schöne, überirdische Frauen, die es lieben, andere zu unterhalten. Sie bestimmen über das Glück im Spiel, jede von ihnen ist die Schutzpatronin einer Gattung der darstellenden Künste, und sie sind alle vollendete Tänzerinnen. Sie fliegen durch die Lüfte, überbringen Botschaften und verführen Männer und Götter gleichermaßen. Indra schickte einst sogar die Apsara Menaka aus, um den Weisen Vishvamitra von der Meditation abzulenken und so zu verhindern, dass er zu mächtig wurde. Die Apsaras heiraten normalerweise ihre Musikergefährten, die Gandharvas – mit Ausnahme von Mera.

Mera war die Königin der Apsaras und wollte nicht wie ihre Schwestern die himmlischen Musiker Indras heiraten, weil sie diese langweilig fand. Sie fühlte sich erschöpft und niedergeschlagen, da sie dachte, niemals ihre Liebe im Himmel finden zu können. Also schaute sie hinab auf die Erde und das grüne Land Kambodscha. Dort erblickte sie den weisen König Kambu Swayambhuva, der vom entfernten Indien nach Kambodscha gereist war. Sie war so verzaubert von seiner Güte, seiner Tapferkeit und seiner exotischen Herkunft, dass sie herabstieg und all ihren himmlischen Luxus, ja selbst ihre Unsterblichkeit hinter sich ließ, um bei ihm zu sein. Der Gott Shiva segnete das Paar, und sie heirateten und gründeten das kambodschanische Königshaus. Durch ihre Kinder entstand das Volk der Khmer, das nach einer Kombination ihrer Namen benannt ist: Kambu und Mera.

# Der weiße Bär König Walemon

NORWEGISCHES VOLKSMÄRCHEN

Es war einmal ein Holzfäller, der hatte drei Töchter und sehr wenig Geld. Doch eines Tages stand ein riesiger weißer Bär vor seiner Tür und versprach der Familie großen Reichtum, falls eine der Töchter mit ihm kommen und in seinem Schloss leben würde. Die beiden älteren Töchter waren schön, hatten aber Angst vor dem Bären. Nur die Jüngste, die auch die Hübscheste war, willigte ein und kletterte auf den Rücken des Bären.

Der Bär trug sie weit weg zu seinem großen Schloss, wo ihr tagsüber alle Wünsche erfüllt wurden. In der Nacht stieg etwas in ihr Bett, um neben ihr zu schlafen, auch wenn sie nie sah, was es genau war.

Als sie eine Weile dort gelebt hatte, bat sie den Bären um Erlaubnis, ihre Familie besuchen zu dürfen. Er war einverstanden, doch musste sie ihm versprechen, nicht auf das zu hören, was ihre Schwestern sagten. Als die beiden Schwestern von den mysteriösen nächtlichen Besuchen erfuhren, überzeugten sie ihre jüngste Schwester, eine Kerze ins Bett mitzunehmen, um zu schauen, was neben ihr lag. In der kommenden Nacht zündete sie eine Kerze an und erblickte einen schönen Mann im Bett. Drei Tropfen Wachs fielen auf sein Hemd, woraufhin er mit einem Schrei erwachte. Er erzählte ihr, dass er König Walemon sei und verflucht worden war, ein Bär zu sein. Doch nun, da sie ihn gesehen hatte, war er dazu gezwungen, die Tochter der Trollkönigin zu heiraten. Auf einen Schlag verschwanden er und das ganze Schloss, und sie blieb in der Kälte alleine zurück.

Sie begab sich auf die Suche nach ihm und holte sich Hilfe beim Nordwind, der sie zum Palast der Trollkönigin brachte, der westlich der Sonne und östlich des Mondes lag. Sie traf kurz vor der Hochzeit ein und forderte die Trollprinzessin heraus. Diejenige, die das Wachs aus dem Hemd des Königs entfernen konnte, durfte ihn heiraten. Die Trollprinzessin erklärte sich bereit, doch als sie es versuchte, machte ihr schwarzes Herz das Hemd nur noch schmutziger. Nun war die Tochter des Holzfällers an der Reihe, und dank ihres reinen Herzens war das Hemd bald sauber und sah aus wie neu.

Die Trolle gestanden ihre Niederlage ein, und die beiden heirateten bald darauf und lebten glücklich und zufrieden bis an ihr Lebensende.

# Regenbogen-Krähe

## LEGENDE DER LENAPE (UMSTRITTEN), NORDAMERIKA

Zu jener Zeit, als die Welt noch jung war, herrschten jeden Tag warme Temperaturen. Doch dann begann es auf der Erde kalt zu werden und die Tiere spürten den ersten Winter nahen. Der Schnee fing an zu fallen und wurde jeden Tag dichter und mehr, bis alle Tiere von ihm bedeckt waren und begannen, um ihr Leben zu fürchten. Schließlich erklärte sich Krähe, die wunderschön in den Regenbogenfarben gefiedert war, freiwillig bereit, in den Himmel hoch zu fliegen, um das erste Feuer zu holen. So geschah es auch, doch obwohl sie so schnell es ging zurück zur Erde flog, war die Reise dennoch lang. Sie kam an mit dem Feuer, das die Tiere vor der Kälte schützte, doch es sengte all ihre schönen Federn an und verwandelte ihre liebliche Stimme in ein Krächzen.

Regenbogen-Krähe wird dem Volk der Lenape zugeschrieben, es könnte sich aber auch um eine abgeänderte Geschichte eines anderen Volks, wie der Cherokee, Shoshonen oder Achumawi, handeln.

In einer Erzählung der Cherokee war es Wasserspinne, die alle Tiere auf der kalten Erde rettete. Sie war als Einzige in der Lage das Feuer von einer Platane zu holen, die vom Blitz getroffen worden war. Eine Geschichte der Shoshonen berichtet, wie der Trickster Kojote das Feuer aus der Höhle des Feuervolks stahl. In einem Mythos der Achumawi bat Kojote Spinnenfrau ihm dabei zu helfen, Silberner Graufuchs zu kontaktieren, der im Himmel lebte, und ihn zu überreden, die Wärme wieder auf die Erde zurückkehren zu lassen. Laut dem Mythos schickte Spinnenfrau ihre zwei jüngsten Kinder auf Pfeilen nach oben, die von den Tieren abgeschossen und von dem durch Gesang angefachten Wind getragen wurden. Silberner Graufuchs freute sich über den Besuch und schenkte der Welt Wärme, den ersten Regenbogen und kleine Morgentau-Regenbögen für alle Spinnennetze.

Es ist auch möglich, dass Regenbogen-Krähe eine Geschichte eines ganz anderen Stammes ist, von dem nur wenig oder gar nichts überliefert worden ist. Unabhängig davon existiert in vielen Kulturen auf der ganzen Welt die Geschichte eines Helden, der dem kalten Land Feuer bringt. Wir alle träumen in einer kalten Nacht von Wärme.

# Bakunawa und die sieben Monde

## PHILIPPINISCHER MYTHOS

Das Universum ist aufgeteilt in sieben Ebenen. Die erste Ebene ist leer und weit. Die zweite Ebene, namens Tubignon, ist voll Wasser und Wassergeistern, die am Meeresboden leben. Die dritte Ebene heißt Idalmunon und enthält die dunkle Erde des Untergrunds mit den Geistern, die hier wohnen. Die vierte Ebene wird Lupan-on genannt, und auf dieser mittleren Ebene leben die Menschen Seite an Seite mit unsichtbaren Geistern, die Krankheiten verursachen. Die fünfte Ebene, Kahanginan, ist die Luft direkt oberhalb der Menschen, die von fliegenden Luftgeistern erfüllt ist. Die sechste Ebene heißt Ibabaw-non. Hier reisen die *Babaylan* genannten Schamanen hin, um im Auftrag der Menschen mit den Geistern zu sprechen. Auf der siebten Ebene namens Langit-non residiert der Schöpfer Maka-ako.

Am Anfang war die Nacht lange und dunkel, selbst auf Langit-non. Daher beschloss Maka-ako für mehr Licht zu sorgen, indem er die sieben Mondgeschwister erschuf, eines so schön und leuchtend wie das vorherige. Die sieben schönen Geschwister erleuchteten den Nachthimmel und wurden von allen bewundert, so auch von dem Meeresdrachen Bakunawa.

Bakunawa, der tief im Dunkel des Ozeans lebte, fing an, die strahlenden Monde zu begehren. Sein Verlangen überwältigte ihn, sodass Bakunawa aus dem Meer emporschnellte und einen der Monde als Ganzes verschlang. Für eine Zeit ruhte Bakunawa unter den Wellen, zufrieden mit dem leuchtenden Mond in seinem Inneren. Doch schließlich begann der Mond zu schmelzen, und Bakunawa sehnte sich erneut nach einem Mond. Der Drache schnellte empor und verschlang einen weiteren Mond, und dann noch einen. Es schien nicht, dass er damit aufhören würde.

In einigen Geschichten verschlang Bakunawa alle sieben Monde, spuckte aber den letzten vor Angst wieder aus, als die Menschen auf Lupan-on auf ihre Trommeln schlugen und den Drachen anschrien. In anderen Geschichten blieb der letzte Mond am Himmel, um zu kämpfen, während die restlichen Monde ihr Glück auf Lupan-on fanden. Vielleicht wurde er dabei sogar von Tu'er Shen, dem chinesischen Gott für gleichgeschlechtliche Beziehungen, unterstützt, der mit dem roten Faden des Schicksals die Liebenden verbindet.

# Sonnengott Re

## ÄGYPTISCHE GOTTHEIT

Am Anfang entstieg der Sonnengott Re den Gewässern von Nun in Form eines pyramidenförmigen Benben-Steins. Zum ersten Mal ging die Sonne auf und zog über den Himmel. Re war allmächtig und konnte viele verschiedene Gestalten annehmen. Er war die Morgensonne Chepre in der Früh, die pralle Sonne Re zu Mittag und die Abendsonne Atum bei Sonnenuntergang. Seine Macht steckte in seinem geheimen Namen und in seiner Fähigkeit, das zum Leben zu erwecken, was er benannte. Und so sprach er die Namen Schu und Tefnut für den Gott der Luft und die Göttin der Feuchtigkeit. Diese wiederum zeugten den Erdgott Geb und die Himmelsgöttin Nut. Re versuchte Geb und Nut voneinander zu trennen, indem er Schu zwischen sie stellte, doch Nut schaffte es noch, die Gottheiten Osiris, Seth, Isis, Nephthys und Horus zu gebären. Re fuhr fort, alle Dinge in Ägypten zu benennen, einschließlich der Menschen, und setzte sich selbst als Pharao über alle ein.

Auf diese Weise herrschte Re einige Tausend Jahre lang, allerdings in Gestalt eines Mannes, weswegen er alt wurde. Schließlich begannen die Menschen, sich über die alte Gestalt lustig zu machen, was Re verärgerte. Er sandte seine Tochter Sachmet aus, um die Menschheit abzuschlachten. Sie tat dies mit einer solchen Leichtigkeit und Genugtuung, dass Re begann, die übrig gebliebenen Menschen zu bedauern. Re gebot ihrem Treiben Einhalt, indem er eine Feier veranstaltete und sie betrunken machte. In der Zwischenzeit hatte die Göttin Isis aus Res Speichel eine Giftschlange geformt, die sich gegen ihn wandte und ihn biss. Daraufhin begann der alte und schwache Re zu sterben. Isis versprach ihn zu heilen, doch nur wenn er ihr seinen geheimen Namen verriet. Er zögerte, doch in dem Moment, als er ihn Isis sagte, war er geheilt, und sie wurde zur Göttin des Lebens und der Magie.

Zu jener Zeit war Re schon sehr alt und beschloss, die Herrschaft über die Welt auf die Menschheit zu übertragen. Er nahm seinen Platz im Himmel ein und wanderte am Tag über das Firmament und durchquerte bei Nacht in einem Boot die zwölf Bereiche der Unterwelt Duat. Obwohl es eine gefährliche Reise ist, wird Re jeden Morgen von der Göttin Nut wiedergeboren.

酒

# *Matsuos Sake*

## JAPANISCHER MYTHOS

Der Religion des Shintō nach wird Japan von unzähligen Geistern und Göttern bevölkert, die *Kami* genannt werden. Manche Kami sind lokale Gottheiten von kleinen Dörfern oder bestimmten Wegkreuzungen. Andere Kami sind große Gottheiten kosmischer Erscheinungen, wie der Sonne oder des Monds, und wiederum andere Kami sind ganze Berge oder wichtige Flüsse. Unabhängig von ihrer Bedeutung versammeln sich alle Kami einmal im Jahr für einen Monat, den man Kami-ari-zuki oder den Monat der Götter nennt, am Izumo-Taisha-Schrein. Dort diskutieren alle Kami wichtige Angelegenheiten. So entscheidet dann zum Beispiel Ōkuninushi – der für Beziehungen, Landwirtschaft und das Gemeinschaftsgefühl von Nationen zuständige Kami –, welche Verbindungen verschiedene Leute in dem kommenden Jahr miteinander eingehen werden. Doch es ist auch der Zeitpunkt, wenn alle Kami miteinander feiern.

In einem Jahr wollte der Kami Matsuo die anderen Gottheiten beeindrucken und erfreuen. Also nahm er Reis von Arashiyama und Wasser von Kyoto und braute damit den ersten Sake. Er fand so großen Anklang, dass er zum Getränk der Kami wurde. Matsuo wurde zum Kami des Sake, und viele Brauereien begannen, ihn zu verehren. Noch wichtiger war, dass Sake zu einer der bevorzugten Opfergaben wurde, die man den Kami überreichen konnte.

Bei Feiern bieten die Menschen den Kami Sake dar, um ihnen zu danken und sie zu ehren. Die Kami nehmen das Geschenk an und segnen es, damit die Menschen den Sake trinken und den Göttern noch näher sein können. Sake wird verwendet, um das Böse zu verbannen und Räume zu weihen. Er kommt auch bei Hochzeitszeremonien zum Einsatz.

Sake ist so mächtig, dass alle Drachen ihn begehren. Der Kriegsgott Susanoo konnte den achtköpfigen Yamata no Orochi besiegen, der die schöne Kushinadahime gefangen hatte, indem er ihm acht Fässer voll achtfach gebrautem Sake hinstellte. Yamata no Orochi trank sie alle aus und fiel umgehend betrunken in einen tiefen Schlaf, woraufhin ihn Susanoo töten und Kushinadahime retten konnte.

# Das verzauberte Schwein

RUMÄNISCHES MÄRCHEN

Vor langer Zeit lebte ein König, der in den Krieg ziehen musste. Er erlaubte seinen drei Töchtern, im Schloss herumzugehen. Nur ein bestimmtes Turmzimmer durften sie nicht betreten. Doch sie gehorchten nicht und stießen in dem Zimmer auf ein Buch, das vorhersagte, dass die älteste Tochter einen Prinzen aus dem Osten heiraten würde, die mittlere Tochter einen Prinzen aus dem Westen und die jüngste Tochter ein Schwein aus dem Norden. Bald darauf heiratete ein Prinz aus dem Osten die Älteste, ein Prinz aus dem Westen die Mittlere und ein Schwein kam und warb um die Jüngste.

Zuerst wies der König das Schwein ab, woraufhin seine Stadt von Schweinen überrannt wurde. So musste er einwilligen. Die Prinzessin heiratete das Schwein und lebte in seinem schönen Schloss. Jede Nacht verwandelte es sich in einen Mann, der so gütig zu ihr war, dass sie sich in ihn verliebte und beschloss, seinen Fluch zu brechen.

Die Prinzessin traf eine Hexe, die ihr riet, einen Faden um den Fuß ihres Gatten zu binden. Doch leider erkannte die Prinzessin nicht, dass die Hexe böse war. Und anstatt den Fluch zu brechen, verfestigte er sich. Ihr Mann wurde dadurch zur Flucht gezwungen, und die junge Prinzessin jagte ihm hinterher.

Die Prinzessin verschliss drei Paar mit Eisen beschlagene Schuhe und drei Wanderstäbe auf der Suche nach ihrem Gatten. Sie bat den Mond, die Sonne und den Wind um Hilfe, und sie alle zeigten ihr den Weg und gaben ihr einen Sack voll Hühnerknochen. Sie erreichte die Milchstraße und baute aus den Knochen eine Leiter, auf der sie zu einem Schloss im Himmel klettern wollte, in dem ihr Ehemann war. Leider war die Leiter um einen Knochen zu kurz. Da schnitt sie sich mit einem Dolch ihren kleinen Finger ab und setzte ihn ein, um das letzte Stück in den Himmel hinaufzusteigen.

Nachdem die Prinzessin ihren Mann aus dem Schloss befreit hatte, verriet er ihr, dass er ein Prinz sei, der einen Drachen getötet hatte. Die Mutter des Drachen war eine Hexe, die ihn verfluchte und später die Prinzessin täuschte. Als sie auf der Leiter herunterstiegen, löste sich der Fluch von dem Prinzen, und das Paar lebte glücklich bis ans Lebensende.

# Die drei Prinzessinnen aus Witenland

## NORWEGISCHES VOLKSMÄRCHEN

Eines Tages ging einem Fischer nichts ins Netz. Als er schon aufgeben wollte, versprach ein Fisch dem Mann einen großen Fang, falls er ihm das gab, was unter der Schürze seiner Frau steckte. Der Fischer freute sich über den Handel, bis er herausfand, dass seine Frau schwanger war und er dem Fisch gerade sein Kind versprochen hatte. Der König des Landes erfuhr davon und bot an, das Kind, einen Jungen namens Halvor, fern vom Wasser großzuziehen. Doch als Halvor erwachsen war, fühlte er sich vom Wasser angezogen. Als er sich in ein Boot setzte, fuhr es mit ihm zu einem entfernten Ort namens Witenland.

Dort traf Halvor auf drei schöne Prinzessinnen, die von drei Trollen mit drei, sechs und neun Köpfen bewacht wurden. Durch seine List und Stärke rettete er die drei Prinzessinnen und heiratete die jüngste und schönste von ihnen. Eine Zeitlang lebte er glücklich mit ihr in ihrem Schloss. Doch er vermisste seine Eltern. Als er die Prinzessin darum bat, zu ihnen reisen zu dürfen, gab sie ihm ihren Ring, der ihn dorthin und wieder zurück transportieren sollte. Sie bat ihn, nur das zu tun, was sein Vater sagte. Er war einverstanden und wurde nach Hause transportiert.

Als er dort ankam, wollte seine Mutter ihn zum König bringen, sein Vater aber nicht. Seinen Vater ignorierend, gingen sie zum König, und Halvor erzählte seine Geschichte. Als der König sagte, dass die Prinzessin nicht schöner sein könnte als seine Gemahlin, die Königin, wurde Halvor hochmütig. Er setzte seinen Ring ein, um seine Frau herbeizuholen und dem König das Gegenteil zu beweisen. Die Prinzessin erschien, tadelte Halvor, sein Versprechen gebrochen zu haben, nahm ihren Ring an sich und transportierte sich zurück.

Bekümmert versuchte Halvor wieder nach Witenland zu gelangen, doch niemand konnte ihm sagen, wo es lag. Kein König, kein Tier, kein Vogel. Er fragte alle, bis schließlich ein alter Hecht ihm den Weg zeigte. Halvor kehrte rechtzeitig zurück, um die Prinzessin davon abzuhalten, jemand anderen zu heiraten.

# Julnar die Meerfrau

PERSISCHES VOLKSMÄRCHEN

Es lebte einmal ein König von Adscham-Land namens Shahrimán. Er hatte einhundert Konkubinen, eine schöner als die andere, doch keine hatte ihm ein Kind geschenkt. Shahrimán begann zu verzweifeln und befürchtete, nie einen Thronerben zu zeugen. Da tauchte ein Kaufmann am Hof auf, begleitet von der schönsten und anmutigsten Frau, die in ihrer Perfektion von einer anderen Welt zu sein schien. Der König fragte den Kaufmann, wie viel sie kostete, denn er erkannte, dass sie eine Sklavin war. Der Kaufmann hatte sie für eine stattliche Summe gekauft, und die Kosten für ihren Unterhalt während der letzten drei Jahre waren hoch. Dennoch beabsichtigte er, sie dem König zum Geschenk zu machen, denn er wollte sie in guten Händen wissen.

König Shahrimán nahm das Geschenk an und stattete den Kaufmann mit einem wunderbaren Mantel und mehr Geld aus, als dieser es sich erträumt hätte. Der Kaufmann wurde wieder ziehen gelassen. Ein Jahr lang war der König der schönen und geheimnisvollen Frau ergeben. Er machte ihr Geschenke, servierte ihr reichlich Speisen und unterhielt sie mit Musik, doch sie sprach kein einziges Wort. Schließlich sagte ihr der König, dass er sie zu seiner Königin machen würde, wenn sie ihm einen Sohn zeugen würde. Die Frau lächelte und sagte ihm, dass sie tatsächlich schwanger war. Der König war überglücklich, denn die Frau, die er liebte, hatte endlich zu ihm gesprochen, und er sollte bald Vater werden.

Shahrimán fragte sie, warum sie so lange nicht gesprochen hatte, woraufhin sie ihm ihre Geschichte erzählte. Ihr Name war Julnar, und sie war die Prinzessin eines Königreichs unter dem Meer. Nach einem Streit mit ihrem Bruder ging sie an Land. Dort traf sie auf einen bösen Mann, den sie fast tötete. Doch dann begegnete sie dem freundlichen und tugendhaften Kaufmann, der sie zum König brachte. Julnar sagte Shahrimán, dass sie längst zurück ins Meer geflohen wäre, wenn er sie nicht so gut behandelt hätte. Und so versöhnte sie sich wieder mit ihrer Familie, die ihr dabei half, ihren Sohn Badr Basim auf die Welt zu bringen. Julnar wurde zur Königin gekrönt und lebte glücklich mit König Shahrimán und ihrem Sohn. Ihre Familie aus dem Meer kam sie häufig besuchen.

# Heitsi-eibib

## GOTT DER KHOIKHOI, SÜDAFRIKA

Am Anfang der Welt gab es eine schöne Kuh. Eines Tages fand sie beim Weiden köstliche magische Gräser, die sie aß. Kurze Zeit später zeugte sie Heitsi-eibib. Dieser wuchs zu einem Mann heran, der unglaubliche magische Kräfte, unübertroffene Kampftechniken, eine schnelle Auffassungsgabe sowie gestaltwandlerische Fähigkeiten besaß und der sogar wiederauferstehen konnte, nachdem er gestorben war. Er schritt über die Erde und setzte seine Kräfte ein, um die Tiere an den für sie idealen Ort zu bringen. So nahm er die Fische aus der Wüste und warf sie ins Meer. Die Löwen holte er von den Bäumen und setzte sie auf den Boden. So wurde er zum Gott der Jäger.

Heitsi-eibib reiste weit herum und war bald überall für seine Stärke und Klugheit bekannt. Er bestand zahlreiche Abenteuer, in manchen war er der Held, in anderen ein Trickster. Zu jener Zeit gab es ein Monster namens Ga-gorib, das die ansässigen Menschen drangsalierte. Diese wandten sich an Heitsi-eibib um Hilfe. Ga-gorib hatte eine gewaltige Grube gegraben und hauste daneben. Er stachelte die Leute durch Schmähungen dazu auf, Steine nach ihm zu schmeißen, doch die Steine prallten auf magische Weise von ihm zurück und trafen diejenigen, die sie geworfen hatten, die daraufhin umkippten, in die Grube fielen und starben. Als Heitsi-eibib ankam, waren schon viele Menschen auf diese Weise umgekommen. Heitsi-eibib wusste über Ga-gorib und seine Tricks Bescheid und wartete darauf, dass er auch ihn zu verspotten begann. Als Ga-gorib ihn darum bat, Steine nach ihm zu schmeißen, lehnte Heitsi-eibib ab. Stattdessen zeigte er auf etwas und schrie: »Was ist denn das?« Als Ga-gorib wegschaute, schlug ihm Heitsi-eibib hinter den Ohren auf den Kopf und stieß ihn in seine eigene Grube, wo er in den Tod stürzte. Danach kehrte wieder Frieden ein, und die Menschen feierten Heitsi-eibib.

# Der magische Pinsel

## CHINESISCHES VOLKSMÄRCHEN

Es war einmal ein sehr armer junger Mann namens Ma Liang, der liebte nichts mehr, als zu zeichnen. Eines Nachts träumte er von einem alten Mann, der ihm einen magischen Pinsel überreichte und ihn bat, anderen Menschen zu helfen. Als er erwachte, lag der magische Pinsel neben ihm.

Was auch immer Ma Liang mit dem magischen Pinsel zeichnete, erwachte zu Leben. Er setzte seine Kräfte zum Wohl der hilfsbedürftigen Menschen um ihn herum ein. So verwendete er den Pinsel etwa, um einen Fluss neben einem trockenen Feld oder Essen für die Armen zu malen. Er wurde schnell berühmt, und alle waren Ma Liang dankbar.

In demselben Dorf lebte ein reicher Mann, der schon bald den magischen Pinsel begehrte. Er wollte den Menschen damit nicht helfen, sondern Gold zeichnen, um noch reicher zu werden. Er sandte seine Diener in der Dunkelheit der Nacht zu Ma Liangs Haus, der tief und fest schlief, während sie ihm den Pinsel stahlen.

Am nächsten Tag malte der reiche Mann viele Bilder von unermesslichen Reichtümern. Doch wie viel er auch zeichnete, nichts davon wurde lebendig. Frustriert befahl der reiche Mann seinen Wächtern, Ma Liang zu fangen und zu ihm zu bringen. Als Ma Liang vor ihm stand, verlangte der Reiche, dass er für ihn zeichnen sollte, ansonsten würde er bestraft werden.

Der ruhige Ma Liang lächelte und willigte ein. Er fragte den reichen Mann, was er sich wünschte, und dieser antwortete, er wolle einen Berg aus Gold. Also zeichnete Ma Liang den Berg, jedoch mitten in einem weiten Meer. Der Reiche verlangte daraufhin ein großes Schiff, um über das Meer zu segeln, mit genügend Frachtraum für all das Gold. Also malte Ma Liang ein großes Segelschiff, das der reiche Mann und alle seine Spießgesellen betraten, um die Segel zu setzen. Doch als sie auf halbem Weg zum Berg waren, zeichnete Ma Liang einen fürchterlichen Sturm, und das Schiff kenterte, und alle Männer gingen im Meer unter.

Von diesem Tag an führten Ma Liang und alle Menschen in seinem Dorf ein glückliches und friedliches Leben.

# Rhpisunt

## MYTHOS DER HAIDA, NORDWESTAMERIKA

Vor langer Zeit lebte Rhpisunt, die schöne Tochter des Häuptlings. Eines Tages ging sie raus in den Wald, um Beeren zu pflücken und stolperte dabei über einen Haufen Bärenkot. Sie war ungehalten und begann laut auf die Bären zu schimpfen, die sie als schmutzig und widerlich bezeichnete. Die Frauen, die sie begleiteten, baten sie, leiser zu sein, doch Rhpisunt ließ sich nicht beruhigen, weswegen sie sich schnell entfernten. Das war bedauerlich, denn in der Nähe hielten sich zwei Bären auf. Sie hörten Rhpisunts Beleidigungen und meinten, dass sie bestraft werden musste. Einer der Bären verwandelte sich in einen schönen jungen Mann und näherte sich der gereizten Frau. Er schmeichelte ihr, verführte sie und lockte sie in sein Zuhause in den Bergen. Dort in dem Bärendorf verliebte sie sich in ihn und beschloss, mit ihm zu leben.

Rhpisunt und der schöne Bär heirateten und bekamen Zwillinge. Die beiden Jungen waren wohlgenährt und gesund. Sie besaßen die Fähigkeit, sowohl die Gestalt eines Bären als auch die eines Menschen anzunehmen. Doch nicht alles war gut. Seit Rhpisunts Verschwinden hatten ihre Brüder unermüdlich nach ihr gesucht. Bei ihren Erkundungen waren sie auf ihre Fußspuren und daneben auf jene eines Bären gestoßen. Vor Angst und Zorn begannen sie, die Bären zu jagen.

Mithilfe von Rhpisunts Hund schafften es die Brüder, Rhpisunts Bärenmann zu finden. Sie überwältigten ihn und versetzten ihm einen tödlichen Schlag. Mit letzter Kraft verriet der Bär seiner Frau seine magischen Sprüche und Formeln, um sie an ihre Söhne weiterzugeben. Und so führten ihre Brüder Rhpisunt mit ihren beiden Jungen zurück zu ihrem Stamm. Dort lebten sie, und die Zwillinge wuchsen zu Männern heran.

Obwohl die Zwillinge als Jäger und Krieger geschätzt wurden, fühlten sie sich unter den Menschen nie zu Hause. Als ihre Mutter viele Jahre später als alte Frau starb, verwandelten sich die beiden in Bären und kehrten in die Bergwälder zurück und wurden nie wieder gesehen.

# Danaë und Perseus

## GRIECHISCHE SAGE

Vor langer Zeit lebte in Argos König Akrisios mit seinem einzigen Kind, Prinzessin Danaë. Als ein Orakel ihm prophezeite, dass er durch die Hand des Sohnes seiner Tochter sterben werde, sperrte er Danaë in einer unterirdischen Kammer aus Bronze ein, sodass sich kein Mann ihr nähern konnte. Indessen drang der Göttervater Zeus in Form eines Goldregens in das Gefängnis ein und schwängerte die Prinzessin. Danaë brachte daraufhin heimlich einen Sohn zur Welt, den sie Perseus nannte. Als ihr Vater davon erfuhr, ordnete er an, Danaë und Perseus in einen Kasten zu stecken und auf dem Meer auszusetzen.

Mutter und Kind trieben dahin, landeten aber dank der Gnade der Götter sicher an den Ufern der Insel Seriphos. Dort bot ihnen der freundliche Fischer Diktys Unterschlupf, und sie lebten in Frieden, während Perseus heranwuchs. In der Zwischenzeit begann der Herrscher von Seriphos, König Polydektes, Danaë nachzustellen. Er betrachtete Perseus als Hindernis, weshalb er ihn auf eine Abenteuerreise schickte, um den Kopf der Medusa zu holen.

Medusa war eine Gorgone, ein Monster in Form einer Frau mit Schlangen, die ihr aus dem Kopf wuchsen. Ihre Erscheinung und ihr Blick waren so schrecklich, dass alle, die sie sahen, zu Stein erstarrten. Perseus schaffte es, sie zu besiegen, indem er einen Spiegel benutzte, um sie so nicht direkt ansehen zu müssen. Er schlug ihr den Kopf ab, steckte ihn in einen Beutel und kehrte als Held zurück nach Seriphos. Unglücklicherweise hatte der König nicht erwartet, dass Perseus zurückkommen würde, und Danaë, angewidert von Polydektes' Annäherungsversuchen, war in den Tempel der Athene geflohen. Wütend über die schlechte Behandlung seiner Mutter, setzte Perseus den Kopf der Medusa ein, um Polydektes in Stein zu verwandeln.

Perseus holte seine Mutter und gemeinsam kehrten sie nach Argos zurück. König Akrisios, der fürchtete durch die Hand seines Enkels umzukommen, war zuvor schon ins Exil gegangen. Doch bei den Spielen, die zum Andenken an den ehemaligen König abgehalten wurden, warf Perseus einen Diskus, der ihm entglitt und unbeabsichtigt Akrisios traf und auf der Stelle tötete.

# Moses

## HEBRÄISCHE LEGENDE

Vor langer Zeit wurde das jüdische Volk von den Ägyptern versklavt. Der Pharao hatte Angst, dass die Juden ihn stürzen würden. Deshalb befahl er alle männlichen Neugeborenen zu töten. Jochebed fürchtete um ihren kleinen Sohn Moses, und so legte sie ihn in einen Korb und setzte ihn auf dem Fluss aus. Dort wurde er von der Tochter des Pharaos gefunden, die ihn wie ihr eigenes Kind aufzog. Nachdem er zu einem jungen Mann herangewachsen war, erfuhr Moses von seiner wahren Abstammung und tötete einen Sklavenaufseher, der einen jüdischen Sklaven misshandelte. Er entschied sich, das luxuriöse Palastleben hinter sich zu lassen und zu fliehen, um ein genügsames Leben jenseits des Meeres zu führen.

In Midian traf Moses eine kenitische Frau namens Zippora, die er heiratete. Sie lebten glücklich, bis Gott Moses durch einen brennenden Dornbusch beauftragte, zurück nach Ägypten zu gehen, das Volk Israel zu befreien und es in das gelobte Land zu führen. Zögerlich willigte Moses ein.

Als er wieder in Ägypten war, verlangte Moses vom Pharao, das jüdische Volk freizulassen. Als dieser sich weigerte, sandte Gott zehn Plagen. Zuerst verwandelte sich das Wasser des Nils in Blut und tötete alle Fische. Dann wurde das Land von einer Froschplage heimgesucht. Dann wurden alle von Mücken befallen, gefolgt von Ungeziefer, dann verendeten die Nutztiere an der Pest. Die Menschen bekamen Geschwüre, und es regnete Feuer vom Himmel. Heuschrecken fraßen die Ernte auf, dann wurde die Erde drei Tage lang in Finsternis gehüllt. Schließlich starben mit der zehnten Plage alle erstgeborenen Söhne in Ägypten. Doch die Erstgeborenen der Juden wurden verschont, da Moses die Familien angewiesen hatte, ihre Türrahmen mit dem Blut von Lämmern zu bestreichen.

Der Pharao, in tiefer Trauer über den Tod seines Sohnes, ließ Moses und das jüdische Volk aus Ägypten ziehen. Doch als Moses das Meer teilte, um sein Volk durchzuführen, befahl der Pharao seiner Armee, den fliehenden Israeliten nachzujagen. Nachdem alle Juden am anderen Ufer angekommen waren, ließ Moses das Meer über die ägyptische Armee einbrechen, sodass alle ertranken. Und damit waren Moses und das Volk Israel frei.

# Der Greif

## PERSISCHER MYTHOS

Greife sind riesige Mischwesen, halb Löwe, halb Adler. Damit sind sie sowohl die Könige der Landtiere als auch der Vögel, und ihr majestätisches, kraftvolles Wesen steht für Weisheit und Durchsetzungskraft im Krieg. Ihre Klauen haben medizinische Eigenschaften, und ihre Federn können Blindheit heilen. Sie bewachen Schätze, und wo auch immer ein Greif zu sehen ist, sind Goldvorkommen nicht weit. Sie bauen sogar ihre Nester aus dem Gold, das sie aus dem Gestein graben. Der römische Historiker Plinius der Ältere schrieb darüber, wie das einäugige Volk der Arimaspen ständig Krieg gegen die Greife führte. Diese Krieger lebten an den Ausläufern der Riphäen im nördlichen Skythien und bekämpften die Greife, die ihre Flüsse aus Gold verteidigten.

Greife binden sich fürs Leben. Sie sind ihrem Partner treu, auch wenn dieser stirbt. Dadurch sind sie zum Symbol für monogame Verbindungen und unerschütterliche Hingabe geworden. Da sie ein Mischwesen aus Landtier und Vogel sind, können sie sich sowohl in der Luft als auch auf dem Land fortbewegen und stehen für die Verbindung zwischen Himmel und Erde, dem Göttlichen und dem Menschlichen.

Die Greife sind weit herumgekommen. Sie tauchen seit der Antike in Zeichnungen und Skulpturen der persischen Kunst und sogar in Werken aus dem Alten Ägypten auf. Greife wurden auch in Syrien, Anatolien und Griechenland dokumentiert. Sie sind auf dem Fresko im Thronsaal des Palasts von Knossos auf Kreta zu sehen. Richtung Osten waren sie bis nach Zentralasien und Indien bekannt. Sie sind auch ein beliebtes Motiv der Heraldik in Westeuropa.

Greife werden manchmal auch als Zugtiere von Apollons Wagen dargestellt. Apollon ist der griechische Gott der Heilkunst, Medizin, Poesie, Musik und des Bogenschießens. Er ist einer der zwölf olympischen Götter und nach Zeus der mächtigste des ganzen Pantheons. Ursprünglich hütete er nur die Rinder des Sonnengottes Helios. Doch schließlich wurde er selbst zu dem Gott, der die Sonne jeden Tag über das Firmament zog, mit fliegenden Greifen, stärker als Ochsen, die seinen Wagen zogen.

# Schwesterchen Aljonuschka und Brüderchen Iwanuschka

RUSSISCHES MÄRCHEN

Es war einmal ein Waisenmädchen namens Aljonuschka, das lebte mit seinem kleinen Bruder Iwanuschka. Dieser war noch zu jung, um zu arbeiten, und folgte deshalb seiner Schwester zu deren Arbeitsplatz am anderen Ende des Waldes. Der Fußweg war lang und schweißtreibend für den kleinen Jungen. Als er die mit Wasser gefüllte Hufspur einer Kuh erblickte, bat er, daraus trinken zu dürfen. Sie sagte ihm, er solle warten, bis sie aus einer Quelle trinken konnten. Als er die Hufspur eines Pferdes sah, fragte er sie erneut, und sie verwies ihn wieder auf die Quelle. Da war er schon so durstig, dass er, als er die Hufspur einer Ziege sah, gar nicht erst fragte, sondern gleich daraus trank. Sofort verwandelte er sich in eine kleine weiße Ziege, denn das Wasser war von einer Hexe verzaubert worden.

Als Aljonuschka sah, was mit ihrem Bruder geschehen war, begann sie zu weinen. Sie schwor, sich immer um ihn zu kümmern. Da ritt ein Kaufmann vorbei und sah die schöne Aljonuschka am Wegesrand mit einem Zicklein stehen. Er fragte, warum sie weinte, und als sie ihm alles erzählte, war er so angetan von ihrer Reinheit, dass er um ihre Hand anhielt. Aljonuschka willigte ein, und bald darauf heirateten sie und lebten eine Zeit lang glücklich zu dritt.

Doch eines Tages entführte eine Hexe den Ziegen-Bruder und lockte so Aljonuschka an den Fluss. Die Hexe packte das Mädchen, fesselte es und band ihr einen Stein um, bevor sie es ins Wasser warf. Iwanuschka gelang es, der Hexe zu entkommen. Er lief nach Hause und fand heraus, dass die Hexe die Gestalt von Aljonuschka angenommen hatte. Ihr Gatte, der von den Ereignissen nichts mitbekommen hatte, merkte keinen Unterschied bei seiner Frau. Die verwandelte Hexe versuchte den Kaufmann zu überreden, die Ziege zu essen. Doch Iwanuschka führte ihn stattdessen zum Fluss, wo er die echte Aljonuschka entdeckte und rettete. Aljonuschka und ihr Mann töteten die Hexe und brachen damit Iwanuschkas Fluch. Zu ihrer Freude wurde aus ihm wieder ein Menschenjunge.

# *Janus*

## RÖMISCHE SAGE

Janus ist der römische Gott des Anfangs, der Pforten, der Zeit, der Durchgänge, der Reisen und des Endes. Als Gott der Übergänge trägt er sowohl ein Gesicht, das voran in die Zukunft blickt, als auch eines, das zurück in die Vergangenheit schaut. Er ist vor allem bei Reisen, für den Handel und die Schifffahrt wichtig, besonders in Verbindung mit Portunus, dem Gott der Häfen.

Janus ist ein ungewöhnlicher Gott, da er zunächst ein Mensch war. Die Geschichte beginnt mit Saturn, der ein mächtiger Gott des Ackerbaus war. Er herrschte über den Kapitolinischen Hügel, bis ihn sein Sohn Jupiter stürzte, der daraufhin zum König der Götter aufstieg. Auf der Flucht vor dem Zorn seines Sohnes suchte Saturn Zuflucht in Latium bei dem dort herrschenden König Janus. Dieser hieß Saturn mit offenen Armen willkommen, und Saturn wiederum förderte die Landwirtschaft und vor allem den Weinbau in Latium. Zum Dank bekam Saturn die Hälfte des Königreichs von Janus geschenkt und gemeinsam herrschten sie in Frieden. Latium erfuhr eine große Blüte unter ihrer Herrschaft, die zu einem wahrhaft goldenen Zeitalter wurde. Schließlich entwickelte sich daraus die Stadt Rom als Zentrum des Römischen Reichs. Zur Belohnung wurde Janus zum Gott der Pforten, der die Menschen mit allen anderen Gottheiten des römischen Pantheons verbindet.

Janus wurde auch zum Beschützer von allen Anfängen. Er weihte den Reigen der Jahreszeiten ein, und der erste Tag von jedem Monat war ihm heilig. Er war der Pförtner, der Beschützer von Durchgängen und Abschlüssen und die Gottheit der Dualität. Er wurde den Römern so wichtig, dass sie ihm alleine in der Stadt Rom fünf unterschiedliche Schreine errichteten. Alle Schreine wurden bei Kreuzungen von Flüssen oder Wasserwegen gebaut. Der eindrucksvollste von ihnen war jener nahe dem Argiletum. In der Mitte des Tempels stand eine Janusstatue, der Wein geopfert wurde. Die großen Bronzetüren an den beiden Enden des Tempels waren in Kriegszeiten geöffnet und in Friedenszeiten geschlossen.

# *Halibu der Jäger*

**MONGOLISCHE LEGENDE**

In der mongolischen Steppe lebte einst ein Jäger namens Halibu. Er war sehr geschickt und fing viel Wild. Er war aber auch sehr gütig und teilte seinen Fang mit anderen. Dafür war er weithin angesehen.

Eines Tages vernahm er während der Jagd einen seltsamen Laut und schaute nach oben. Dort erkannte er eine kleine Kreatur im Schnabel eines wilden Vogels. Er erlegte den Vogel mit seinem Bogen und war erstaunt, als sich eine kleine, schlangenartige Kreatur von dem Vogel befreite. Noch erstaunter war er, als sich die Kreatur bei ihm für ihre Rettung bedankte. Sie sagte, sie sei die Tochter des Drachenkönigs. Sollte Halibu ihr folgen, würde der König ihm viele Kostbarkeiten anbieten. Sie riet ihm, um den Stein im Mund des Königs zu bitten. Dieser magische Stein würde es Halibu ermöglichen, die Sprache aller Tiere zu verstehen.

Die Prinzessin brachte Halibu zu ihrem Vater. Der Drachenkönig war froh, dass es seiner Tochter gut ging, und bot Halibu jeden Schatz an, den er sich wünschte. Der Jäger bat jedoch um den magischen Stein, um die Sprache der Tiere zu verstehen. Der König war überrascht, willigte aber unter der Bedingung ein, dass Halibu niemals jemandem verraten durfte, was die Tiere sagten, ansonsten würde er sich sofort in Stein verwandeln.

Mit dem Stein im Mund brachte Halibu noch mehr Wild nach Hause. Doch eines Tages hörte er einen Vogelschwarm über eine nahende Katastrophe reden. Sie sagten voraus, dass in der kommenden Nacht der Berg einstürzen und die Ebene geflutet würde. Alle würden ertrinken, auch in Halibus Dorf.

Halibu hetzte nach Hause, um seine Leute zu warnen, doch keiner wollte ihm glauben, so sehr er sie zu überzeugen versuchte. Umzuziehen sei schwierig, und sie verlangten Beweise. Zögerlich erzählte er ihnen vom Drachenkönig, dem magischen Stein und dem Gespräch der Vögel. Noch während er sprach, begann er sich in einen Felsen zu verwandeln.

Die verblüfften Leute glaubten ihm und packten schnell ihre Sachen. Sie schafften es gerade noch zu entkommen, bevor der Berg einstürzte und die Flut kam. Bis zum heutigen Tag danken die Nachfahren von Halibu ihm und suchen nach seinem Felsen.

# Panhu

## LEGENDE DER YAO, CHINA

Vor langer Zeit hatte die Kaiserin von China so schwere Ohrenschmerzen, dass sie ihre Ärzte kommen ließ. Diese zogen einen kleinen goldenen Wurm aus ihrem Ohr, und der Schmerz war wie weggeblasen. Anstatt das Wesen zu töten, legte sie es auf einen Teller unter einer Glasglocke und gab ihm etwas Futter und Wasser. Als sie das nächste Mal nach ihm schaute, hatte es sich in einen kleinen Hund verwandelt. Sie nannte den Hund Panhu. Er wurde bald zum Liebling des Kaisers und folgte dem Herrscher überallhin. Panhu war einer der Ersten, der von dem feindlichen König erfuhr, der plante, gegen den Kaiser Krieg zu führen.

Der Kaiser ließ öffentlich verkünden, dass derjenige seine Tochter zur Frau erhielt, der ihm den Kopf des feindlichen Königs brachte. Doch der König war ein furchteinflößender Krieger, und keiner schaffte es, ihn zu töten. Panhu nahm die Sache in die eigenen Pfoten: Er schlich in das Schloss des Feindes, und als der König nach einem nächtlichen Gelage betrunken war, schnitt er ihm den Kopf ab. Der Hund kehrte mit dem Kopf des Königs zurück, und der Kaiser veranstaltete ihm zu Ehren ein großes Fest. Doch Panhu schmollte nur, und der Kaiser begriff, dass er die versprochene Belohnung wollte, nämlich die Prinzessin.

Als der Kaiser ihm erklärte, dass eine menschliche Prinzessin keinen Hund heiraten konnte, meinte Panhu, dass dieses Problem gelöst werden könnte. Er bat den Kaiser, ihn sieben Tage lang unter eine goldene Glocke zu stecken und dafür zu sorgen, dass ihn keiner zu Gesicht bekam. Der Kaiser tat dies, und sechs Tage lang blieb die Glocke ungestört. Am siebten Tag begann sich die Prinzessin Sorgen um Panhu zu machen. Sie dachte, dass er hungrig und durstig sein musste. Sie brachte ihm zu essen und zu trinken und hob die Glocke nur ein klein wenig hoch, doch das reichte aus, um den Zauber zu brechen.

Panhu trat mit dem Körper eines Mannes und dem Kopf eines Hundes heraus. Doch der Kaiser gab dem Paar dennoch seinen Segen. Panhu und die Prinzessin heirateten und bekamen viele, viele Kinder und noch mehr Nachfahren.

# Die gute Fee

## FRANZÖSISCHES MÄRCHEN

Die gute Fee ist ein hilfreiches Wesen, das vielen Helden und Heldinnen geholfen hat, nicht zuletzt Cendrillon in der französischen Fassung des Märchens vom Aschenputtel.

Cendrillon war ein schönes Mädchen, dessen gütige Mutter starb, als sie noch klein war. Nachdem ihr Vater eine kaltherzige Frau mit zwei verbitterten Töchtern geheiratet hatte, starb auch er. So fand sich die verwaiste Cendrillon in der Obhut ihrer missgünstigen Stiefmutter wieder. Diese ärgerte sich, dass Cendrillon schöner war als ihre eigenen Töchter, und ließ sie die Wäsche flicken, das Haus putzen und alle Mahlzeiten kochen. Jede Nacht schlief Cendrillon in der Asche neben dem Herd und wurde schmutzig.

Die ruhige Cendrillon ließ diese Demütigungen geduldig über sich ergehen, bis sie von dem bevorstehenden königlichen Ball hörte. Es sollte eine große Feierlichkeit werden, zu der alle jungen Damen des Landes eingeladen waren, um den Prinzen zu treffen. Cendrillon wollte auf den Ball gehen, doch ihre Stiefmutter und Stiefschwestern lachten ihr nur ins Gesicht. Denn wer wollte schon mit einem schmutzigen Mädchen, bedeckt mit Asche, tanzen? Cendrillon weinte, als die anderen ihre schönen Kleider anzogen und zu dem Fest ritten. Als die gute Fee ihr Schluchzen hörte, erschien sie, um ihr zu helfen.

Weil Cendrillon ein gütiges und reines Herz hatte, stand ihr die gute Fee bei und verwandelte einen Kürbis in eine Kutsche, Mäuse in Pferde, Lumpen in ein Ballkleid und Schmutz in gläserne Pantoffeln. Die gute Fee warnte sie aber, dass der Zauber um Mitternacht endete. Der Rest lag in Cendrillons Händen.

Fröhlich fuhr Cendrillon zu dem Ball und traf den Prinzen. Er war auf Anhieb verzaubert von ihr, und sie von ihm. Sie tanzten den ganzen Abend, doch um Mitternacht erinnerte sich Cendrillon an die Warnung der guten Fee und lief davon. Sie hinterließ einen geplatzten Kürbis und einen einzelnen Glaspantoffel.

Der Prinz suchte nach dem geheimnisvollen Mädchen und ließ jede junge Dame in seinem Reich den Glaspantoffel anprobieren. Doch keiner passte er, bis er ihn zum Schluss dem aschebedeckten Fuß von Cendrillon überzog. Der Prinz und Cendrillon heirateten schon bald, und die gute Fee segnete die beiden.

# Über die Autorin

**Yoshi Yoshitani** lebt als Illustratorin in Kalifornien und hat bereits für The Walt Disney Company, Netflix, Image Comics, Valiant Comics, IDW Publishing, DreamWorks Animation und Rebellion Publishing gearbeitet. Für das von ihr erschaffene »Tarot der Mythen und Märchen« (*Tarot of the Divine*) wurde sie für den renommierten Eisner Award nominiert. Sie hat die Graphic Novels »Zatanna and the House of Secrets« und »I am not Starfire« für DC Comics illustriert. Yoshi tritt regelmäßig auf Comic Book Conventions wie Emerald City Comic Con, New York Comic Con, C2E2, HeroesCon, LightBox Expo, WonderCon, DesignerCon, Thought Bubble und Dragon Con auf. Zu ihren Lieblingsgeschichten zählen »Der weiße Bär König Walemon«, »Tam Lin« und alle Erzählungen mit einem Trickster-Charakter.

# Register

Die amerikanische Originalausgabe erschien 2020 unter dem Titel »Beneath the Moon«.

This edition published by arrangement with Ten Speed Press, an imprint of Random House, a division of Penguin Random House LLC.



MIX
Papier | Fördert gute Waldnutzung
FSC® C010328

Penguin Random House Verlagsgruppe FSC® N001967

2. Auflage 2024

einem Unternehmen der Penguin Random House Verlagsgruppe GmbH,
Neumarkter Straße 28, 81673 München
Layout: Kelly Booth
Umschlaggestaltung: Geviert, Grafik & Typografie
unter Verwendung eines Motivs von © Yoshi Yoshitani
Druck und Bindung: Alföldi, Debrecen
Printed in Hungary
ISBN: 978-3-424-15457-3